Curso

La diferencia entre aprobar
y sacar plaza

Escala de Agentes Técnicos Facultativos
Educador/a Infantil
COMUNIDAD AUTÓNOMA DE GALICIA

Accede a tu **Curso MAD360** y disfruta de los siguientes recursos:

- Técnicas de Memoria 360.
- Test *online*.
- Temario en formato digital.
- Vídeos y esquemas de la Parte General.
- Planificación de estudio.
- Foro entre opositores hasta la fecha del examen.*
- Recursos y novedades exclusivas.
- Consulta sobre la oposición y el proceso selectivo.
- Actualizaciones legislativas (Boletines Oficiales) hasta 60 días antes de la fecha del examen.*

Para acceder al Curso MAD360** será necesaria la compra de todos los libros para esta especialidad de la edición 2024.

Valida los códigos que encuentras en la última página de tus libros y disfruta de la experiencia MAD360.

Infórmate en: mad.es/registro-campus

NOTA IMPORTANTE:

* Examen de esta categoría profesional correspondiente a la convocatoria publicada en el DOG n.º 20, de 29 de enero de 2024, o hasta el 30 de junio del 2025, lo que se cumpla antes.

** El acceso al CURSO MAD360 estará disponible desde marzo de 2024 (algunos recursos podrían estar disponibles en fecha posterior). Tendrá una duración de 365 días, desde la validación de códigos, o hasta el 31 de diciembre del 2025, lo que se cumpla antes.

MAD se reserva el derecho a ampliar dichas fechas.

Escala de Agentes Técnicos Facultativos

Educador/a Infantil de la Comunidad Autónoma de Galicia

Marzo, 2024

Escala de Agentes Técnicos Facultativos
Educador/a Infantil de la Comunidad Autónoma de Galicia

Simulacros de examen

Autores

ELENA GARCÍA FERNÁNDEZ
LICENCIADA EN DERECHO

MAGALÍ RIERA ROCA
LICENCIADA EN DERECHO

FRANCISCO JESÚS TORRES FONSECA
LICENCIADO EN DERECHO

CLARA INÉS CARRILLO PARDO
LICENCIADA EN DERECHO

JUDITH SIMÓN FUENTES
DIPLOMADA EN TRABAJO SOCIAL
MÁSTER EN APOYO PSICOSOCIAL AL PACIENTE Y PROMOCIÓN DE LA SALUD
EXPERTA EN CIENCIAS FORENSES PARA TRABAJADORES SOCIALES

LIDIA PONCE MARTÍNEZ
LICENCIADA EN PSICOLOGÍA

JAVIER PACHECO-MANGAS
DIPLOMADO EN TRABAJO SOCIAL. LICENCIADO EN CIENCIAS DEL TRABAJO

ISABEL GEMA MARTÍN SÁNCHEZ
DIPLOMADA EN MAGISTERIO EDUCACIÓN INFANTIL.
LICENCIADA EN PSICOPEDAGOGÍA.
DIPLOMA DE ESTUDIOS AVANZADOS EN DIDÁCTICA Y ORGANIZACIÓN ESCOLAR

ESTELLA BERMUDO SÁNCHEZ
TRABAJADORA SOCIAL / MEDIADORA SOCIAL

© 7 Editores Recursos para la Cualificación Profesional y el Empleo, S.L. (7 Editores)
© Los autores
Primera edición, marzo 2024 (212 páginas)
Derechos de edición reservados a favor de 7 Editores
IMPRESO EN ESPAÑA
Diseño Portada: 7 Editores
Edita: 7 Editores
Avda. San Francisco Javier, 9 · Edificio Sevilla 2 · Planta 11 · Módulos 25-27 · 41018 Sevilla
Teléfono: 954 784 411 · WEB: www.mad.es · e-mail: administracion@7editores.com
ISBN: 978-84-142-7953-3
© "Editorial Mad" y "Eduforma" son nombres comerciales registrados de
7 Editores Recursos para la Cualificación Profesional y el Empleo, S.L.

Índice

SIMULACRO N.º 1

1. El artículo 1.3 de la Constitución Española establece que, la forma política del Estado es:

a) La democracia.
b) El Estado social y democrático de Derecho.
c) La Monarquía Parlamentaria.
d) El Estado constitucional.

2. En qué artículo de la Constitución Española se reconoce y garantiza el derecho a la autonomía de las nacionalidades y regiones:

a) En su artículo 1.
b) En su artículo 2.
c) En su artículo 3.
d) En su artículo 9.

3. La soberanía nacional reside en:

a) Las Cortes Generales.
b) El Gobierno de la Nación.
c) Los Tribunales de Justicia.
d) El pueblo español.

4. La determinación de la hora en el archipiélago canario es competencia:

a) Exclusiva del Estado.
b) Compartida de la Comunidad Autónoma y el Estado.
c) Propia de la Unión Europea.
d) Exclusiva de la Comunidad Autónoma.

5. El primer anteproyecto del Estatuto de Galicia data de:

a) 1931.
b) 1945.
c) 1983.
d) 1997.

6. De entre la aprobación sucesiva de los regímenes preautonómicos a lo largo del año 1978 encontramos:

a) Cataluña, Galicia y las Islas Baleares.
b) Islas Baleares, Canarias, Madrid y País Vasco.
c) Galicia, País Vasco, Aragón, País Valenciano y Canarias.
d) Canarias, Murcia y Extremadura.

7. La Xunta de Galicia provisional de la transición estaba compuesta por:

a) 10 representantes elegidos por los diputados y senadores proclamados en las elecciones generales a Cortes de 1977 en Galicia, y los 4 senadores gallegos de designación real y un representante de cada una de las Diputaciones provinciales gallegas.
b) 7 representantes elegidos por los diputados y senadores proclamados en las elecciones generales a Cortes de 1977 en Galicia, y los 3 senadores gallegos de designación real y un representante de cada una de las Diputaciones provinciales gallegas.
c) 11 representantes elegidos por los diputados y senadores proclamados en las elecciones generales a Cortes de 1977 en Galicia, y los 3 senadores gallegos de designación real y un representante de cada una de las Diputaciones provinciales gallegas.
d) 15 representantes elegidos por los diputados y senadores proclamados en las elecciones generales a Cortes de 1977 en Galicia, y los 7 senadores gallegos de designación real y un representante de cada una de las Diputaciones provinciales gallegas.

8. El territorio de Galicia es el comprendido en las actuales provincias de:

a) La Coruña, Lugo, Orense y Pontevedra.
b) La Coruña, Vigo y Orense.
c) Orense, Pontevedra y Santiago.
d) Santiago, Lugo y Pontevedra.

9. ¿Cómo se consideran los actos de las Administraciones Públicas que sean constitutivos de infracción penal o se dicten como consecuencia de esta?

a) Irregulares.
b) Anulables.
c) Nulos de pleno derecho.
d) Válidos.

10. Señala uno de los supuestos en los que se puede encontrar el acto administrativo cuando adolezca de vicios o no se ajuste exactamente a lo que el ordenamiento jurídico determina en cada caso:

a) La irregularidad del acto.
b) La nulidad absoluta o de pleno derecho del acto administrativo.
c) La nulidad relativa o anulabilidad del acto administrativo.
d) Todas las respuestas son correctas.

11. Cuando el acto administrativo presenta un vicio que no le hace incurrir en nulidad absoluta ni en anulabilidad, se dice que se produce su:

a) Irregularidad.
b) Nulidad relativa.
c) Nulidad parcial.
d) Validez condicional.

12. ¿Cuándo podrán las Administraciones Públicas, por iniciativa propia o a solicitud de interesado, declarar de oficio la nulidad de los actos administrativos que hayan puesto fin a la vía administrativa o que no hayan sido recurridos en plazo, en los supuestos previstos en el artículo 47.1 LPACAP (los considerados nulos de pleno derecho)?

a) En el plazo de tres años desde que se dictó el acto administrativo.
b) En el plazo de cuatro años desde que se dictó el acto administrativo.
c) En el plazo de cinco años desde que se dictó el acto administrativo.
d) En cualquier momento.

13. ¿Cuál de los siguientes es un empleado público?

a) Personal funcionario de carrera.
b) Personal laboral.
c) Personal eventual.
d) Todas las respuestas anteriores son correctas.

14. Las personas que, en virtud de nombramiento legal, están vinculadas a la Administración Pública por una relación estatutaria regulada por el derecho administrativo para el desempeño de servicios profesionales retribuidos de carácter permanente se denominan:

a) Personal funcionario de carrera.
b) Personal funcionario interino.
c) Personal laboral.
d) Personal eventual.

15. Las personas que, por razones expresamente justificadas de necesidad y urgencia, son nombradas en tal condición para el desempeño de funciones propias del personal funcionario de carrera, se conocen como:

a) Personal funcionario de carrera temporal.
b) Personal funcionario interino.
c) Personal laboral.
d) Personal funcionario de carrera por sustitución.

16. Las personas que, en virtud de contrato de trabajo formalizado por escrito, en cualquiera de las modalidades de contratación de personal previstas en la legislación laboral, prestan servicios retribuidos en las administraciones públicas incluidas en el ámbito de aplicación de la Ley 2/2015, se denominan:

a) Personal funcionario de carrera.
b) Personal funcionario interino.
c) Personal laboral.
d) Personal eventual.

17. El artículo 18.1 de la Constitución española garantiza el derecho al honor, a la intimidad personal y familiar y a:

a) La protección de datos de carácter personal.
b) La confidencialidad.
c) La propia imagen.
d) El secreto profesional.

18. Cuando los plazos se señalen por días en el RGPD o en la LO 3/2018, se entiende que estos:

a) Son naturales.
b) Son hábiles, de lunes a sábado, excluyéndose del cómputo los domingos y los declarados festivos.
c) Son naturales; excluyéndose del cómputo los declarados festivos.
d) Son hábiles, excluyéndose del cómputo los sábados, los domingos y los declarados festivos.

19. El RGPD considera "destinatario":

a) A la persona física o jurídica, autoridad pública, servicio u otro organismo al que se comuniquen datos personales, siempre que se trate de un tercero.
b) A la persona física o jurídica, autoridad pública, servicio u otro organismo al que se comuniquen datos personales, se trate o no de un tercero.
c) A la autoridad pública que pueda recibir datos personales en el marco de una investigación concreta de conformidad con el Derecho de la Unión o de los Estados miembros.
d) A la persona física o jurídica, autoridad pública, servicio u organismo distinto del interesado, del responsable del tratamiento, del encargado del tratamiento y de las personas autorizadas para tratar los datos personales bajo la autoridad directa del responsable o del encargado.

20. La situación en que se encuentra una persona que sea, haya sido o pudiera ser tratada de manera menos favorable que otra en situación comparable se considera:

a) Discriminación directa por razón de sexo.
b) Discriminación indirecta por razón de sexo.

c) Acoso sexual.
d) Acoso por razón de sexo.

21. La situación en que una disposición, criterio o práctica aparentemente neutros ponen a personas de un sexo determinado en desventaja particular con respecto a personas del otro, salvo que dicha disposición, criterio o práctica puedan justificarse objetivamente en atención a una finalidad legítima y que los medios para alcanzar dicha finalidad sean necesarios y adecuados se considera:

a) Discriminación directa por razón de sexo.
b) Discriminación indirecta por razón de sexo.
c) Acoso sexual.
d) Acoso por razón de sexo.

22. Cualquier comportamiento verbal, no verbal o físico de naturaleza sexual que tenga el propósito o produzca el efecto de atentar contra la dignidad de una persona, en particular cuando se cree un ambiente intimidatorio, hostil, degradante, humillante u ofensivo se considera:

a) Discriminación directa por razón de sexo.
b) Discriminación indirecta por razón de sexo.
c) Acoso sexual.
d) Acoso por razón de sexo.

23. Se trata de una violencia que se dirige sobre las mujeres por el hecho mismo de serlo, por ser consideradas, por sus agresores, carentes de los derechos mínimos de libertad, respeto y capacidad de decisión:

a) Violencia machista.
b) Violencia a la mujer.
c) Violencia de género.
d) Violencia femenina.

24. En relación con la violencia de género, la Constitución española:

a) No contempla el supuesto.
b) Solo contempla el supuesto en el caso de que la discriminación sea hacia un hombre.
c) Tiene la obligación de adoptar medidas de acción positiva para hacer reales y efectivos dichos derechos, removiendo los obstáculos que impiden o dificultan su plenitud.
d) Todas las respuestas anteriores son incorrectas.

25. La actual ley vigente sobre medidas de protección integral contra la violencia de género es:

a) La Ley 5/2010.
b) La Ley 65/1978.

c) La Ley Orgánica 1/2022.
d) La Ley Orgánica 1/2004.

26. La influencia del educador es definitiva, en:

a) La construcción de la autoestima.
b) La estimulación de todas las áreas de desarrollo.
c) Las estructuras de la personalidad.
d) Todas las respuestas son correctas.

27. ¿Cuál de los siguientes ámbitos no es de intervención del educador?

a) Observar y constatar la marcha del proceso de Enseñanza-Aprendizaje.
b) Planificar la reacción educativa en los padres.
c) Interactuar con los alumnos y ayudarles en sus aprendizajes y desarrollo.
d) Recibir y atender las propuestas e intereses de los niños.

28. ¿Cuál es el Real Decreto por el que se establece el título de Técnico Superior en Educación Infantil?

a) Real Decreto 1394/2007, de 29 de octubre.
b) Real Decreto 1934/2007, de 29 de noviembre.
c) Real Decreto 1439/2007, de 2 de octubre.
d) Real Decreto 1943/2007, de 9 de noviembre.

29. La competencia general del Técnico Superior en Educación Infantil:

a) Consiste en diseñar proyectos y programas educativos de atención a la infancia en el primer ciclo de Educación Infantil en el ámbito formal.
b) Consiste en implementar y evaluar proyectos y programas educativos de atención a la infancia en el primer ciclo de Educación Infantil en el ámbito formal.
c) Las respuestas a) y b) son verdaderas.
d) Ninguna de las anteriores es correcta.

30. ¿Quién organiza el espacio y los materiales para ayudar al niño o niña a desarrollarse y a aprender?

a) Los padres.
b) El niño o la niña deben tener autonomía para hacerlo por sí mismos.
c) El educador.
d) La organización del espacio depende de los padres y los materiales los facilitarán los educadores.

31. ¿Cuáles son los espacios con los que cuenta el educador?

a) Las aulas.
b) Los espacios del centro exteriores.

c) Los espacios del centro interiores.

d) Los espacios del centro, exteriores e interiores, y los recursos que ofrece el entorno de la escuela.

32. ¿Qué es el ambiente?

a) Es un agente educativo de primer orden.

b) Facilita el desarrollo y aprendizaje de los niños a través de las interacciones que establecen con él.

c) Es un instrumento básico que posee la institución educativa a través del cual concreta su planteamiento y el posterior desarrollo del proceso educativo.

d) Todas las respuestas son correctas.

33. ¿Qué es el período de adaptación?

a) Es el tiempo en el que el niño o la niña pasan con otras personas fueras de su entorno familiar.

b) Es el tiempo que se emplea para que el niño o la niña se habitúen a la separación de la figura de apego.

c) Es el tiempo que se emplea para que el niño o la niña tengan la supervisión y cuidados durante el horario laboral de los progenitores.

d) Es el tiempo en el que el niño o la niña tienen un entorno de ocio fuera del ámbito familiar.

34. ¿En qué consiste la adaptación del niño a la escuela?

a) Adquisición de las rutinas establecidas.

b) Integración social y afectiva con los compañeros y el educador.

c) Tanto la adquisición de las rutinas establecidas como la integración social y afectiva con los compañeros y el educador.

d) Adquisición de rutinas sociales y afectivas durante la jornada laboral de sus progenitores.

35. El criterio para la incorporación del niño o la niña a la escuela infantil suele ser:

a) A demanda.

b) El establecido en la normativa educativa.

c) Fruto de condicionantes externos como el trabajo, el nacimiento de otro hermano, etc.

d) Ninguna de las respuestas son correctas.

36. ¿Qué factores suelen dificultar la adaptación?

a) Situaciones en las que está atravesando un periodo crítico.

b) Las condiciones de salud no son óptimas.

c) Situaciones de inseguridad.
d) Todas las respuestas son correctas.

37. ¿En qué Ley se define el currículo de la educación infantil?

a) Ley Orgánica 3/2006, de 3 de mayo.
b) Ley Orgánica 3/2020, de 29 de diciembre.
c) No está definido en ninguna Ley.
d) Ley Orgánica 3/2016, de 29 de mayo.

38. El currículo se define como: "el conjunto de objetivos, competencias, contenidos, métodos pedagógicos y criterios de evaluación de cada una de las enseñanzas reguladas en la presente Ley", en el artículo:

a) El Art. Único 4 de la Ley Orgánica 3/2020.
b) El Artículo 6 de la Ley Orgánica 3/2006.
c) El Artículo 8 de la Constitución.
d) Ninguna de las anteriores.

39. ¿Cuál de los siguientes es un nivel de concreción curricular?

a) Los centros, como parte de su propuesta pedagógica, desarrollarán y completarán el currículo establecido por las administraciones educativas, adaptándolo a las características personales de cada niño o niña, así como a su realidad socioeducativa.
b) El profesorado y el resto de profesionales que atienden a los niños y las niñas adaptarán a dichas concreciones su propia práctica educativa, basándose en el Diseño Universal para el Aprendizaje y de acuerdo con las características de esta etapa educativa y las necesidades colectivas e individuales de su alumnado.
c) Las administraciones educativas establecerán el currículo de toda la etapa de Educación Infantil, del que formarán parte, en todo caso, las enseñanzas mínimas fijadas en este real decreto para el segundo ciclo de la etapa.
d) Todas las respuestas son correctas.

40. ¿En qué normativa se establece la ordenación y las enseñanzas mínimas de la Educación Infantil?

a) Real Decreto 95/2022, de 1 de febrero.
b) Ley Orgánica 3/2020, de 29 de diciembre.
c) Ley Orgánica 95/2022, de 1 de febrero.
d) Ninguna de las anteriores es correcta.

41. En Galicia, el fenómeno que define la situación en la que coexisten dos lenguas, de tal forma que, por gozar una de ellas de mayor prestigio social que la otra, se emplean en ámbitos o circunstancias diferentes, se denomina:

a) Disglosia.
b) Aglosia.

c) Diglosia.
d) Xenoglosia.

42. Siempre que se dé el bilingüismo en una comunidad, también se da entre los mismos sujetos:

a) Biculturalismo.
b) Monolingüismo.
c) Desplazamiento de una de las lenguas.
d) Dificultades psicopedagógicas.

43. Según la UNESCO, entre los principales indicadores para determinar la vitalidad de una lengua están los siguientes, excepto uno. Indica cuál:

a) La proporción de hablantes sobre el conjunto de la población.
b) El número relativo de hablantes.
c) La disponibilidad de materiales de enseñanza para aprender el idioma.
d) La transmisión intergeneracional.

44. En relación al idioma gallego, las proyecciones de futuro para la vitalidad de la lengua son poco optimistas por:

a) La proporción de hablantes sobre el conjunto de la población.
b) Los cambios en los hábitos de utilización del idioma.
c) El número absoluto de hablantes.
d) Las prácticas lingüísticas de la gente más joven con un perfil urbano.

45. La Ley 7/2023, de 30 de noviembre, para la igualdad efectiva de mujeres y hombres de Galicia tiene por objetivo:

a) Promocionar el papel de la mujer en cualquier circunstancia y en todos los ámbitos de la sociedad.
b) Eliminar la discriminación de las mujeres y reforzar el compromiso con la promoción de la igualdad entre mujeres y hombres.
c) La modificación de los patrones socioculturales de conducta de hombres y mujeres.
d) La integración de la dimensión de la igualdad de oportunidades entre mujeres y hombres en el sector público y privado.

46. Según determina el artículo 2 de la Ley 7/2023, la igualdad de trato y oportunidades entre mujeres y hombres es:

a) Un principio informador del ordenamiento jurídico autonómico.
b) Una opción que deberá integrarse en los distintos estamentos de la sociedad.
c) Una disposición favorable establecida como norma.
d) Un baremo mínimo de protección para la no discriminación.

47. ¿Cuál es la definición más amplia y reciente del maltrato infantil según la legislación española, que incluye violencia digital entre otras formas de violencia?

a) La incluida en la Convención de los Derechos de los Niños, Artículo 19.
b) La que señala el Código Civil, Artículo 172.
c) La contenida en la Ley Orgánica 8/2021, de 4 de junio.
d) Las referencias del Protocolo Básico de Intervención contra el Maltrato Infantil.

48. En el contexto de la tipología del maltrato infantil, ¿cuál de los siguientes criterios NO se utiliza para clasificar el maltrato?

a) Según el momento en que se produce.
b) Según la gravedad del maltrato.
c) Según la nacionalidad del menor.
d) Según los autores del maltrato.

49. ¿Cuál de los siguientes es considerado un factor de riesgo del agresor que puede aumentar la probabilidad de maltrato infantil?

a) Aceptación personal.
b) Baja tolerancia a la frustración.
c) Habilidades de afrontamiento efectivas.
d) Locus de control interno.

50. Según las principales definiciones internacionales y nacionales, ¿qué aspecto NO es considerado como maltrato infantil?

a) Descuido o trato negligente.
b) Violencia física.
c) Castigo educativo no físico y proporcionado.
d) Abuso sexual.

51. ¿Cuál era el propósito del Decreto 243/1995, de 28 de julio?

a) Regular el uso de instalaciones deportivas por menores.
b) Establecer un marco legal para la educación primaria.
c) Regular el régimen de autorización y acreditación de centros de servicios sociales.
d) Definir los estándares de higiene en centros educativos.

52. ¿Qué buscaba actualizar el Decreto 329/2005, de 28 de julio?

a) Las políticas de empleo juvenil.
b) La regulación de los centros de menores y atención a la infancia.
c) Los currículos de formación profesional.
d) Los estándares de vivienda para familias.

53. ¿Qué establecía la Ley 3/1997, de 9 de junio, respecto a menores?

a) Directrices sobre el empleo de menores en diversos sectores.
b) Normas sobre la participación de menores en actividades sociales y recreativas.
c) Actuaciones en materia de protección y asistencia a la familia, infancia y adolescencia.
d) Regulaciones sobre el acceso de menores a eventos culturales.

54. ¿Qué nueva tipología de centros introduce el Decreto 329/2005?

a) Centros de rehabilitación deportiva.
b) Puntos de atención a la primera infancia.
c) Instituciones de enseñanza secundaria especializada.
d) Centros de formación en tecnologías de la información.

55. ¿Cuál es la función de los espacios infantiles según el Decreto 329/2005?

a) Proveer cuidado continuado durante las vacaciones escolares.
b) Atención asistencial no continuada para niños de 2 a 8 años.
c) Ofrecer programas de inmersión lingüística.
d) Servir como centros de formación profesional temprana.

56. La preocupación por la educación y programación psicopedagógica dirigida a personas con algún tipo de discapacidad comienza en nuestro país:

a) A finales del siglo XX.
b) A finales del siglo XIX
c) A principios del siglo XIX.
d) A principios del siglo XX.

57. Cuándo parece haber un interés creciente por la creación de centros de educación especial, ya sea por iniciativa pública o privada:

a) En la década de los años sesenta del siglo XIX.
b) En la década de los años cincuenta del siglo XX.
c) En la década de los años veinte del siglo XX.
d) En la década de los años sesenta del siglo XX.

58. En los comienzos del interés y preocupación por las personas con discapacidad el modelo de intervención estaba centrado en:

a) El déficit del individuo.
b) En las potencialidades del individuo.
c) En la familia del individuo.
d) En el futuro del individuo.

59. ¿En qué década comienza a gestarse un cambio en las concepciones sobre la educación de las personas con discapacidad?

a) Década de los cincuenta.
b) Década de los ochenta.
c) Década de los setenta.
d) Década de los noventa.

60. En qué año se crea el Instituto Nacional de Educación Especial (INEE), que pretende tomar la iniciativa en la ordenación y el futuro desarrollo de este sector:

a) En 1975.
b) En 1985.
c) En 1965.
d) En 1925.

61. Las edades en las que la mayoría de niños consiguen los distintos logros de su desarrollo son:

a) Fijas.
b) Orientativas.
c) Difusas.
d) Intermitentes.

62. ¿Qué quiere decir exactamente que el niño no es un ser pasivo que se limita a recibir información del entorno, sino que es un agente activo de su propio desarrollo, que construye en constante interacción con el medio?

a) Que el desarrollo es un proceso global.
b) Que el desarrollo es un proceso de construcción dinámico.
c) Que el desarrollo es un proceso continuo.
d) Que el desarrollo es un proceso no uniforme.

63. El crecimiento físico y madurativo en los tres primeros años de vida es:

a) Enorme.
b) Escaso.
c) Mínimo.
d) Nímio.

64. El bebé recién nacido tiene una talla media y un peso medio de:

a) 60 cm de talla media y 4,300 kg en el caso de los varones, y una media de 59 cm de talla y 2,100 kg de peso en el caso de las niñas.
b) 50 cm de talla media 3,300 kg en el caso de los varones, y una media de 49 cm de talla y 3,100 kg de peso en el caso de las niñas.

c) 40 cm de talla media 2,300 kg en el caso de los varones, y una media de 59 cm de talla y 4,100 kg de peso en el caso de las niñas.

d) 50 cm de talla media 4,300 kg en el caso de los varones, y una media de 59 cm de talla y 4,100 kg de peso en el caso de las niñas.

65. La necesidad de sueño durante el primer mes de vida puede situarse en:

a) 20 o 24 horas diarias en seis o siete intervalos.
b) 16 o 17 horas diarias en siete u ocho intervalos.
c) 9 o 10 horas diarias en siete u ocho intervalos.
d) 12 o 14 horas diarias en seis o siete intervalos.

66. Señala la respuesta correcta. La alimentación es:

a) Un proceso voluntario, educable y consciente que consiste en la elección, preparación e ingestión de los alimentos.

b) Un proceso involuntario, educable y consciente que consiste en la elección, preparación e ingestión de los alimentos.

c) Un proceso voluntario, educable e inconsciente que consiste en la elección, preparación e ingestión de los alimentos.

d) Un proceso voluntario, educable y consciente que consiste en la elección, preparación y digestión de los alimentos

67. La disciplina que estudia los regímenes alimenticios en la salud de acuerdo con los conocimientos sobre fisiología de la nutrición en el primer caso y sobre la fisiopatología del trastorno en cuestión en el segundo, se denomina:

a) Dietoterapia.
b) Dietética.
c) Nutrición.
d) Alimentación.

68. El agua sirve para desempeñar diferentes funciones, tales como:

a) Función metabólica, función de transporte, función termorreguladora y función estructural.

b) Función metabólica, función de transporte, función termorreguladora, estructural y función mecánica amortiguadora.

c) Principal disolvente biológico, función metabólica, función de transporte, función termorreguladora, función estructural y función mecánica amortiguadora.

d) Función orgánica y función inorgánica.

69. ¿Que nutrientes regulan el balance hídrico del organismo?

a) El agua.
b) Las sales minerales.
c) Los glúcidos.
d) Los lípidos.

70. El déficit de glúcidos procedentes de los alimentos produce:

a) Hipertrigliceridemia.
b) Hipoglucemia.
c) Hipotrigliceridemia.
d) Diabetes Tipo 2.

71. ¿Para qué sirve el establecimiento y rutinas diarias en la escuela infantil?

a) Para proporcionar seguridad y equilibrio a los niños y convertirse en estructuras rígidas y obligatorias.
b) Para estimular la autonomía y proporcionar nuevas actividades espacio-temporales irrepetibles.
c) Para proporcionar seguridad y equilibrio a los niños y para estructurar y organizar el concepto de tiempo.
d) Para satisfacer necesidades secundarias de los pequeños.

72. Para que los niños/as adquirieran una rutina es necesario:

a) Debilitar la realización de las mismas.
b) Establecer contraseñas que faciliten e improvisen su ejecución.
c) Horarios flexibles.
d) Seguir siempre el mismo orden en su realización.

73. Respetar y cuidar los objetos y espacios en que se desenvuelven los niños/as en la vida cotidiana:

a) En una rutina de entrada.
b) Es una rutina de la asamblea.
c) Es una rutina de higiene.
d) Es una rutina de salida.

74. ¿La rutina de entrada incluye guardar los juguetes que traen de casa?

a) No, no se permite traer juguetes de casa a la escuela infantil.
b) No, es una rutina de salida no de entrada.
c) Sí, esta acción forma parte de la rutina de entrada.
d) Sí, sirven para que haya un intercambio de información entre el niño/a y el educador/a.

75. La rutina de autonomía en las tareas diarias o solución de pequeños problemas de la vida cotidiana:

a) En una rutina de entrada.
b) Es una rutina de la asamblea.

c) Es una rutina de higiene.
d) Es una rutina de salida.

76. Cómo se denomina la regurgitación repetida de alimentos con pérdida de peso:

a) Tina.
b) Rumiación.
c) Tricotilomanía.
d) Onicofagia.

77. En qué enfermedad producida por un virus el mecanismo de transmisión es directo, a través de las gotitas de Pflügger:

a) Gripe.
b) Parotiditis.
c) Catarro.
d) Sarampión.

78. Qué enfermedad aguda infantil es debida al estreptococo hemolítico y caracterizada por un comienzo brusco (escalofríos, anginas y signos de toxemia), un enantema y enrojecimiento:

a) Varicela.
b) Parotiditis.
c) Rubéola.
d) Escarlatina.

79. Cuál de las siguientes es una enfermedad contagiosa producida por el bacilo de Bordet-Gengou, caracterizada por un estado catarral de las vías respiratorias y accesos de tos espasmódica:

a) Parotiditis.
b) Tos ferina.
c) Impétigo.
d) Meningitis.

80. Señala la respuesta correcta respecto a la meningitis:

a) La meningitis es más frecuente en adolescentes (de 12 a 15 años).
b) Tiene una mortalidad del 2-6%.
c) Su mayor incidencia en España se registra en verano, tanto en medios rurales como urbanos.
d) Los síntomas más frecuentes son cefalea, fiebre, confusión y vómitos, produciéndose en poco tiempo delirio, contracciones musculares y convulsiones.

81. Señala cuál de los siguientes es un juego reglado según Jean Chateau:

a) Los juegos de destrucción.
b) Los juegos de regla arbitraria.
c) Los juegos funcionales.
d) Los juegos con los nuevos.

82. Señala una de las características del juego según Maite Garaibordobil Landazabal:

a) Es una experiencia que proporciona libertad.
b) Es una actividad que implica acción y participación.
c) Es una actividad seria.
d) Todas las respuestas son correctas.

83. Quién defendió el movimiento libre del niño para promover un desarrollo psicomotriz más natural y propuso que en este periodo es importante dejar que explore sus manos antes distraerle con objetos de juego o sonajeros colgantes en la cuna:

a) Emmi Pikler.
b) Bernard Martino.
c) Agnès Szanto-Féder.
d) Myriam David.

84. Hasta qué edad el niño se sigue interesando por los propios elementos corporales:

a) Hasta el año.
b) Hasta los nueve meses.
c) Hasta los ocho meses.
d) Hasta los seis meses.

85. En torno a qué edad el niño ya es capaz de jugar solo durante un rato, pero prefiere la compañía del adulto:

a) Entorno al año.
b) En torno a los diez meses.
c) En torno a los ocho meses.
d) En torno a los seis meses.

86. Cuál es la actual ley educativa:

a) La Ley Orgánica 20/2005, de 14 de febrero, de Educación.
b) La Ley Orgánica 4/2011, de 30 de junio, de Educación.

c) La Ley Orgánica 2/2006, de 3 de mayo, de Educación.
d) La Ley Orgánica 12/2007, de 12 de mayo, de Educación.

87. Qué entrevista es el mejor contexto para abordar las situaciones conflictivas que a veces surgen entre padres y maestros o con los niños:

a) La entrevista final.
b) La entrevista inicial.
c) La entrevista a lo largo del curso.
d) La entrevista de mitad de curso.

88. Qué artículo de la Ley de Educación dispone que "Con objeto de respetar la responsabilidad fundamental de las madres y padres o tutores legales en esta etapa, los centros de educación infantil cooperarán estrechamente con ellos":

a) El artículo 8.
b) El artículo 10.
c) El artículo 12.
d) El artículo 14.

89. Cuál es la Ley de convivencia y participación de la comunidad educativa:

a) La Ley 4/2011, de 30 de junio.
b) La Ley 8/2011, de 12 de junio.
c) La Ley 14/2012, de 27 de enero.
d) La Ley 9/2015, de 30 de enero.

90. Señala uno de los derechos de convivencia y participación de las madres y padres o las tutoras o tutores, en relación con la educación de sus hijos o hijas o pupilos o pupilas, a tenor del art. 6 de la Ley de convivencia y participación de la comunidad educativa:

a) A recibir información sobre las normas que reglamentan la convivencia en los centros docentes.
b) A participar en el proceso educativo a través de consultas y otros procedimientos de participación directa que establezca la Administración educativa.
c) A ser respetados y recibir un trato adecuado por el resto de la comunidad educativa.
d) Todas las respuestas son correctas.

PREGUNTAS DE RESERVA

1. En relación con el control de la actividad de los órganos de las Comunidades Autónomas, según el artículo 153, el relativo a la administración autónoma y sus normas reglamentarias corresponderá:

a) A la Jurisdicción Contencioso-Administrativa.
b) Al Tribunal de Cuentas.
c) Al Gobierno.
d) Al Senado.

2. Algunas de las principales normas morales, son:

a) Cimentar nuestro trabajo en el conocimiento del desarrollo y el aprendizaje de niños.
b) Apreciar y respaldar el lazo afectivo entre el niño y la familia.
c) Respetar la diversidad en los niños, las familias, y los colegas.
d) Todas las respuestas son correctas.

3. ¿Cuáles son los materiales de psicomotricidad?

a) Aquellos que favorecen las relaciones sociales y le ayudan a descubrir las relaciones con los demás.
b) Aquellos que favorecen el descubrimiento del esquema corporal, han de ayudar al niño a conseguir una autonomía de desplazamiento de su cuerpo.
c) Aquellos que favorecen las estructuras lingüísticas y potencian las capacidades expresivas de los pequeños.
d) Ninguna de las respuestas es correcta.

4. La primera toma de contacto puede ser:

a) Una reunión general.
b) Llamada telefónica.
c) Una sola entrevista personal.
d) Ninguna de las respuestas son correctas.

5. Las acciones que realiza el alumno como parte del proceso instructivo que sigue, ya sea en el aula o en cualquier otro lugar, se denomina:

a) Actividades de refuerzo.
b) Actividades de ayuda.
c) Actividades de aprendizaje.
d) Actividades de socialización.

Solución al simulacro n.º 1

1. c) La Monarquía Parlamentaria.

2. b) En su artículo 2.

3. d) El pueblo español.

4. a) Exclusiva del Estado.

5. a) 1931.

b) 1945.

6. c) Galicia, País Vasco, Aragón, País Valenciano y Canarias.

7. c) 11 representantes elegidos por los diputados y senadores proclamados en las elecciones generales a Cortes de 1977 en Galicia, y los 3 senadores gallegos de designación real y un representante de cada una de las Diputaciones provinciales gallegas.

8. a) La Coruña, Lugo, Orense y Pontevedra.

9. c) Nulos de pleno derecho.

10. d) Todas las respuestas son correctas.

11. a) Irregularidad.

12. d) En cualquier momento.

13. d) Todas las respuestas anteriores son correctas.

14. a) Personal funcionario de carrera.

15. b) Personal funcionario interino.

16. c) Personal laboral.

17. c) La propia imagen.

18. d) Son hábiles, excluyéndose del cómputo los sábados, los domingos y los declarados festivos.

19. b) A la persona física o jurídica, autoridad pública, servicio u otro organismo al que se comuniquen datos personales, se trate o no de un tercero.

20. a) Discriminación directa por razón de sexo.

21. b) Discriminación indirecta por razón de sexo.

22. c) Acoso sexual.

23. c) Violencia de género.

24. c) Tiene la obligación de adoptar medidas de acción positiva para hacer reales y efectivos dichos derechos, removiendo los obstáculos que impiden o dificultan su plenitud.

25. d) La Ley Orgánica 1/2004.

26. d) Todas las respuestas son correctas.

27. b) Planificar la reacción educativa en los padres.

28. a) Real Decreto 1394/2007, de 29 de octubre.

29. c) Las respuestas a) y b) son verdaderas.

30. d) Seguir siempre el mismo orden en su realización

31. a) En una rutina de entrada

32. c) Si, esta acción forma parte de la rutina de entrada

33. b) Es el tiempo que se emplea para que el niño o la niña se habitúen a la separación de la figura de apego.

34. c) Tanto la adquisición de las rutinas establecidas como la integración social y afectiva con los compañeros y el educador.

35. c) Fruto de condicionantes externos como el trabajo, el nacimiento de otro hermano, etc.

36. d) Todas las respuestas son correctas.

37. b) Ley Orgánica 3/2020, de 29 de diciembre.

38. a) El Art. Único 4 de la Ley Orgánica 3/2020.

39. d) Todas las respuestas son correctas.

40. a) Real Decreto 95/2022, de 1 de febrero.

41. c) Diglosia.

42. a) Biculturalismo.

43. b) El número relativo de hablantes.

44. d) Las prácticas lingüísticas de la gente más joven con un perfil urbano.

45. b) Eliminar la discriminación de las mujeres y reforzar el compromiso con la promoción de la igualdad entre mujeres y hombres.

46. a) Un principio informador del ordenamiento jurídico autonómico.

47. c) La contenida en la Ley Orgánica 8/2021, de 4 de junio.

48. c) Según la nacionalidad del menor.

49. b) Baja tolerancia a la frustración.

50. c) Castigo educativo no físico y proporcionado.

51. c) Regular el régimen de autorización y acreditación de centros de servicios sociales.

52. b) La regulación de los centros de menores y atención a la infancia.

53. c) Actuaciones en materia de protección y asistencia a la familia, infancia y adolescencia.

54. b) Puntos de atención a la primera infancia.

55. b) Atención asistencial no continuada para niños de 2 a 8 años.

56. b) A finales del siglo XIX

57. d) En la década de los años sesenta del siglo XX.

58. a) El déficit del individuo.

59. c) Década de los setenta.

60. a) En 1975.

61. b) Orientativas.

62. b) Que el desarrollo es un proceso de construcción dinámico.

63. a) Enorme.

64. b) 50 cm de talla media 3,300 kg en el caso de los varones, y una media de 49 cm de talla y 3,100 kg de peso en el caso de las niñas.

65. b) 16 o 17 horas diarias en siete u ocho intervalos.

66. a) Un proceso voluntario, educable y consciente que consiste en la elección, preparación e ingestión de los alimentos.

67. b) Dietética

68. c) Principal disolvente biológico, función metabólica, función de transporte, función termorreguladora, función estructural y función mecánica amortiguadora

69. b) Las sales minerales

70. b) Hipoglucemia

71. c) Para proporcionar seguridad y equilibrio a los niños y para estructurar y organizar el concepto de tiempo.

72. d) Seguir siempre el mismo orden en su realización

73. a) En una rutina de entrada

74. c) Si, esta acción forma parte de la rutina de entrada

75. a) En una rutina de entrada

76. b) Rumiación.

77. a) Gripe.

78. d) Escarlatina.

79. b) Tos ferina.

80. d) Los síntomas más frecuentes son cefalea, fiebre, confusión y vómitos, produciéndose en poco tiempo delirio, contracciones musculares y convulsiones.

81. b) Los juegos de regla arbitraria.

82. d) Todas las respuestas son correctas.

83. a) Emmi Pikler.

84. c) Hasta los ocho meses.

85. b) En torno a los diez meses.

86. c) La Ley Orgánica 2/2006, de 3 de mayo, de Educación.

87. c) La entrevista a lo largo del curso.

88. c) El artículo 12.

89. a) La Ley 4/2011, de 30 de junio.

90. d) Todas las respuestas son correctas.

PREGUNTAS DE RESERVA

1. a) A la Jurisdicción Contencioso-Administrativa.

2. d) Todas las respuestas son correctas.

3. b) Aquellos que favorecen el descubrimiento del esquema corporal, han de ayudar al niño a conseguir una autonomía de desplazamiento de su cuerpo.

4. a) Una reunión general.

5. c) Actividades de aprendizaje.

1. La federación de Comunidades Autónomas:

a) Podrá ser autorizada por las Cortes Generales por motivos de interés nacional.
b) No se admitirán en caso alguno, aunque sí la confederación de Comunidades Autónomas.
c) Se autorizará sí así lo deciden las Cortes Generales por mayoría absoluta.
d) No se admitirá en ningún caso.

2. Según el artículo 153 de la CE, el control de la actividad de los órganos de las Comunidades Autónomas no se ejercerá por:

a) El Tribunal Constitucional.
b) El Congreso de los Diputados.
c) El Tribunal de Cuentas.
d) La Jurisdicción Contencioso-Administrativa.

3. Señala la respuesta correcta:

a) Las diferencias entre los Estatutos de las distintas Comunidades Autónomas no podrán implicar privilegios económicos o sociales.
b) Cualquier autoridad podrá adoptar medidas que directa o indirectamente obstaculicen la libertad de circulación y establecimiento de las personas y la libre circulación de bienes en todo el territorio español.
c) El Estado se organiza territorialmente en municipios, en provincias y en las islas que se constituyan.
d) Todas son correctas.

4. ¿Cómo ha de ser aprobada cualquier alteración de los límites provinciales, según la Constitución?

a) Por Ley de la Asamblea de la Comunidad respectiva.
b) Mediante una Ley de Bases.
c) Mediante Ley Orgánica y por el Congreso.
d) Mediante Ley Orgánica y por las Cortes Generales.

5. Indique la respuesta correcta:

a) La lengua propia de Galicia es el gallego.
b) Los idiomas gallego y castellano son oficiales en Galicia.
c) Todos los ciudadanos gallegos tienen derecho a conocer y a usar el gallego y el castellano.
d) Todas las respuestas anteriores son correctas.

6. La bandera de Galicia es:

a) Blanca con una banda diagonal de color azul que la atraviesa desde el ángulo superior izquierdo hasta el inferior derecho.
b) Verde con una banda diagonal de color blanco que la atraviesa desde el ángulo superior izquierdo hasta el inferior derecho.
c) Blanca con una banda diagonal de color verde que la atraviesa desde el ángulo superior izquierdo hasta el inferior derecho.
d) Roja con una banda diagonal de color blanco que la atraviesa desde el ángulo superior izquierdo hasta el inferior derecho.

7. Galicia:

a) Tiene escudo propio pero no himno.
b) No tiene ni escudo propio ni himno.
c) Tiene himno propio pero no escudo.
d) Tiene himno y escudo propios.

8. Se declara himno de Galicia la composición:

a) Los Pájaros.
b) La Ría.
c) Os Pinos.
d) Os Mar.

9. ¿Cómo se consideran los actos expresos o presuntos contrarios al ordenamiento jurídico por los que se adquieren facultades o derechos cuando se carezca de los requisitos esenciales para su adquisición?

a) Irregulares.
b) Anulables.
c) Nulos de pleno derecho.
d) Válidos.

10. ¿Cómo se consideran los actos que tengan un contenido imposible?

a) Irregulares.
b) Anulables.

c) Nulos de pleno derecho.
d) Válidos.

11. Dispone el art. 48.1 de la LPACAP que los actos de la Administración que incurran en cualquier infracción del ordenamiento jurídico, incluso la desviación de poder, se considerarán:

a) Irregulares.
b) Anulables.
c) Nulos de pleno derecho.
d) Válidos.

12. ¿Cuándo determinará la anulabilidad del acto administrativo el defecto de forma?

a) Siempre.
b) Cuando el acto carezca de los requisitos formales indispensables para alcanzar su fin.
c) Cuando dé lugar a la indefensión de los interesados.
d) Las respuestas b y c son correctas.

13. Las personas que, en virtud de nombramiento y con carácter no permanente, solo realizan funciones expresamente calificadas como de confianza o asesoramiento especial, retribuidas con cargo a los créditos presupuestarios consignados para este fin, se denominan:

a) Personal funcionario de carrera.
b) Personal funcionario interino.
c) Personal laboral.
d) Personal eventual.

14. Corresponde exclusivamente a qué personal el ejercicio de las funciones que impliquen participación directa o indirecta en el ejercicio de potestades públicas o en la salvaguarda de los intereses generales de las administraciones públicas:

a) Al personal funcionario.
b) Al personal eventual.
c) Al personal de la administración.
d) Al personal de confianza.

15. Los puestos que tengan atribuidas funciones que impliquen el ejercicio de autoridad, fe pública o asesoramiento legal se reservarán necesariamente:

a) Al personal funcionario.
b) Al personal eventual.

c) Al personal de la administración.
d) Al personal de confianza.

16. Los puestos que tengan atribuidas funciones que impliquen la realización de tareas de inspección, fiscalización o control se reservarán necesariamente:

a) Al personal funcionario.
b) Al personal eventual.
c) Al personal de la administración.
d) Al personal de confianza.

17. El RGPD denomina a la autoridad pública independiente establecida por un Estado miembro:

a) Agencia Nacional de Protección de Datos.
b) Representante.
c) Autoridad de control.
d) Autoridad de referencia.

18. ¿Cómo denomina el RGPD el tratamiento de datos personales de manera tal que ya no puedan atribuirse a un interesado sin utilizar información adicional, siempre que dicha información adicional figure por separado y esté sujeta a medidas técnicas y organizativas destinadas a garantizar que los datos personales no se atribuyan a una persona física identificada o identificable?

a) Seudonimización.
b) Anonimización.
c) Generalización.
d) Encriptación.

19. ¿Qué título de la LO 3/2018, de 5 de diciembre, de Protección de Datos Personales y garantía de los derechos digitales, se refiere a los principios de la protección de datos?

a) Título I.
b) Título II.
c) Título III.
d) Título IV.

20. Cualquier comportamiento realizado en función del sexo de una persona con el propósito o el efecto de atentar contra su dignidad y de crear un ambiente intimidatorio, hostil, degradante, humillante u ofensivo se considera:

a) Discriminación directa por razón de sexo.
b) Discriminación indirecta por razón de sexo.

c) Acoso sexual.
d) Acoso por razón de sexo.

21. ¿Cuál de las siguientes es una discriminación específica recogida por la Ley?

a) Discriminación por el ejercicio de los derechos de conciliación.
b) Discriminación sexista por asociación.
c) Discriminación sexista por error.
d) Todas las respuestas anteriores son correctas.

22. Cuando una persona es discriminada de manera simultánea o consecutiva por razón de sexo y por otra u otras causas de discriminación estamos ante una:

a) Discriminación sexista múltiple.
b) Discriminación sexista interseccional.
c) Discriminación variada.
d) Discriminación absoluta.

23. La violencia de género a que se refiere la LO 1/2004 comprende:

a) Los actos de violencia física y psicológica.
b) Las agresiones a la libertad sexual.
c) Las amenazas, las coacciones o la privación arbitraria de libertad.
d) Todas las respuestas anteriores son correctas.

24. La violencia de género a que se refiere la LO 1/2004:

a) Comprende la violencia que con el objetivo de causar perjuicio o daño a las mujeres se ejerza sobre sus familiares o allegados menores de edad por parte de quienes sean o hayan sido sus cónyuges o de quienes estén o hayan estado ligados a ellas por relaciones similares de afectividad, solo cuando ha habido convivencia.
b) Comprende la violencia que con el objetivo de causar perjuicio o daño a las mujeres se ejerza sobre sus familiares o allegados menores de edad por parte de quienes sean o hayan sido sus cónyuges o de quienes estén o hayan estado ligados a ellas por relaciones similares de afectividad, solo cuando ha habido convivencia de mínimo 5 años.
c) Comprende la violencia que con el objetivo de causar perjuicio o daño a las mujeres se ejerza sobre sus familiares o allegados menores de edad por parte de quienes sean o hayan sido sus cónyuges o de quienes estén o hayan estado ligados a ellas por relaciones similares de afectividad, solo cuando ha habido convivencia de mínimo 10 años.
d) Comprende la violencia que con el objetivo de causar perjuicio o daño a las mujeres se ejerza sobre sus familiares o allegados menores de edad por parte de quienes sean o hayan sido sus cónyuges o de quienes estén o hayan estado ligados a ellas por relaciones similares de afectividad, solo cuando ha habido convivencia, aún sin convivencia.

25. Los actos de naturaleza sexual no consentidos o que condicionan el libre desarrollo de la vida sexual en cualquier ámbito público o privado, lo que incluye la agresión sexual, el acoso sexual y la explotación de la prostitución ajena:

a) No se considera delito.
b) Se considera violencia sexual.
c) Se considera acoso.
d) Se considera explotación.

26. ¿Cuál de las siguientes no es competencia profesional, personal y social del Técnico Superior en Educación Infantil?

a) Generar entornos seguros, respetando la normativa y protocolos de seguridad en la planificación y desarrollo de las actividades.
b) Evitar la participación de forma activa en la vida económica, social y cultural, con una actitud crítica y de responsabilidad.
c) Crear y gestionar una pequeña empresa, realizando estudio de viabilidad de productos, de planificación de la producción y de comercialización.
d) Evaluar el proceso de intervención y los resultados obtenidos, elaborando y gestionando la documentación asociada al proceso y trasmitiendo la información con el fin de mejorar la calidad del servicio.

27. ¿Cuál de las siguientes unidades no es competencia del Catálogo de Técnico Superior en Educación Infantil?

a) Promover e implementar la mediación familiar.
b) Programar, organizar, realizar y evaluar procesos de intervención educativa de centro y de grupo de niños y niñas.
c) Desarrollar los recursos expresivos y comunicativos del niño y la niña como medio de crecimiento personal y social.
d) Establecer y mantener relaciones fluidas con la comunidad educativa y coordinación con las familias, el equipo educativo y con otros profesionales.

28. ¿Dónde ejerce la actividad profesional el Técnico Superior en Educación Infantil?

a) En el sector de la educación formal y no formal.
b) En el sector de los servicios sociales de atención a la infancia.
c) Las respuestas a y b son correctas.
d) Ninguna de las respuestas es correcta.

29. El perfil de Técnico Superior en Educación Infantil aumenta sus funciones relacionadas con:

a) La gestión de ayudas públicas.
b) La interpretación diagnóstica.

c) La coordinación y mediación con familias.
d) Todas las anteriores son correctas.

30. El ambiente:

a) Es un lugar neutro.
b) Promueve, facilita o inhibe determinadas conductas y actividades.
c) Condiciona el tipo de relaciones personales.
d) Las respuestas b) y c) son verdaderas.

31. ¿Cómo construye el educador una intervención educativa?

a) Por medio de la disposición del ambiente.
b) Por medio de métodos audiovisuales.
c) Por medio de herramientas interactivas.
d) A través de herramientas didácticas.

32. La preparación y la decisión de una nueva zona de actividad:

a) Puede constituir una unidad didáctica en sí misma.
b) Ayuda a la organización de las actividades.
c) Mejora el rendimiento escolar.
d) Es fundamental para la coordinación con los padres.

33. El proceso de ingreso debe ser:

a) Cuando los padres necesiten dicha incorporación.
b) Cuando se considere que el niño o la niña cumple con la madurez necesaria.
c) Cuando haya plaza en el centro que quieren realizar el ingreso.
d) Programado y con una primera toma de contacto.

34. El proceso durante el cual el niño tiene que ir construyendo, poco a poco, su propia realidad con ayuda de los padres y los diferentes profesionales de la escuela Infantil, lo denominamos:

a) Proceso de iniciación.
b) Período de gestión de emociones.
c) Período de adaptación.
d) Proceso de inclusión.

35. El eslabón importante en el proceso de adaptación son:

a) Los abuelos.
b) Los padres.

c) El entorno de juegos.
d) Los familiares menores de edades similares.

36. La adaptación del niño al ámbito educativo tendrá mayor o menor dificultad y será o no problemática en función de:

a) La valoración y la interpretación diagnóstica del educador.
b) La edad del niño o la niña.
c) Las características psicoevolutivas y la relación que mantiene con sus padres.
d) Todas las respuestas son incorrectas.

37. ¿A quién corresponde fijar, en relación con los objetivos, competencias, contenidos y criterios de evaluación, los aspectos básicos del currículo, que constituyen las enseñanzas mínimas?

a) A las comunidades autónomas.
b) A los municipios.
c) Al Gobierno, previa consulta a las comunidades autónomas.
d) Al Gobierno.

38. El Decreto de currículo que se lleva a cabo en la Comunidad Autónoma de Galicia, es:

a) Decreto 3/2006, de 3 de mayo.
b) Decreto 95/2022, de 1 de febrero.
c) Decreto 150/2022, de 8 de septiembre.
d) Ninguna de las anteriores es correcta.

39. ¿Quién desarrolla y completa el currículo de las diferentes etapas y ciclos en el uso de su autonomía?

a) Las comunidades autónomas.
b) Los centros educativos.
c) El Gobierno.
d) Las respuestas a y c son correctas.

40. El tercer nivel de concreción:

a) Se basa el proyecto curricular y se adapta a las características de un aula específica y a las necesidades de su alumnado en concreto.
b) Se plasma en la programación de aula y corresponde al profesorado.
c) Las respuestas a y b son correctas.
d) Ninguna de las respuestas son correctas.

41. La lengua gallega refleja dificultades derivadas de la histórica superposición del castellano y se constata que el uso del gallego decrece, entre otros factores, por:

a) La disponibilidad de materiales para aprender.

b) La presión a favor del castellano en los medios rurales.

c) La influencia de los medios de comunicación.

d) Los condicionamientos contextuales y las presiones ambientales a favor de las prácticas favorables hacia el gallego.

42. El número de hablantes habituales del gallego supera el de hablantes de castellano:

a) En el "eje atlántico".

b) En la comarca de Ourense.

c) En las áreas urbanas de A Coruña y Vigo.

d) En las provincias interiores y costeras.

43. La normalización lingüística, planificación lingüística o estandarización de la lengua es un tipo de política lingüística, encaminado a:

a) El uso generalizado de alguna lengua en un determinado contexto.

b) Al proceso deliberado para el abandono del uso de una determinada lengua.

c) Adoptar iniciativas para el fomento del castellano junto al uso de la lengua reconocida en las distintas Comunidades Autónomas.

d) El empleo y conocimiento del castellano como lengua principal en los contextos oficiales.

44. Según el artículo 5 de la Ley 1/1981, de 6 de abril, de Estatuto de Autonomía para Galicia, con respecto al uso del gallego y el castellano, en Galicia, todos tienen:

a) El deber de usarlos.

b) El derecho de usarlos.

c) El derecho de conocerlos y usarlos.

d) El deber de conocerlos.

45. Siguiendo la Ley 7/23, el currículo de cada uno de los niveles, etapas, ciclos, grados y modalidades del sistema educativo tendrá como objetivo de especial atención:

a) El enriquecimiento del contenido curricular con las contribuciones al conocimiento humano realizadas por mujeres.

b) La adquisición, en alumnos y alumnas, de los conocimientos y del desarrollo de actitudes necesarias que les permitan atender sus propias necesidades y lugar su independencia.

c) La comprensión del valor constitucional de la igualdad entre ambos sexos.

d) El fomento de las vocaciones femeninas en áreas infrarrepresentadas por mujeres.

46. Para la resolución pacífica de conflictos, la Ley 7/23 propone:

a) La incorporación en el aprendizaje de métodos colaborativos.
b) La consideración de la situación particular de las niñas y las mujeres.
c) La garantía de la coeducación.
d) El enriquecimiento del contenido curricular.

47. ¿Cuál de los siguientes factores NO se considera un factor de protección contra el maltrato infantil?

a) Aislamiento social del menor.
b) Relación padre-hijo positiva y cálida.
c) Acceso a los Servicios de salud y los Servicios Sociales.
d) Inteligencia superior a la media.

48. En la clasificación de la tipología del maltrato según el momento en que se produce, ¿cómo se denomina el maltrato que ocurre antes del nacimiento?

a) Postnatal.
b) Prenatal.
c) Neonatal.
d) Institucional.

49. ¿Cuál es un factor de riesgo ambiental identificado para el maltrato infantil?

a) Sedentarismo.
b) Empleo inestable por causas estructurales.
c) Falta de redes de apoyo social.
d) Alta movilidad social.

50. ¿Cuál de los siguientes no es considerado un factor de riesgo ambiental para el maltrato según el documento?

a) Falta de vivienda adecuada.
b) Redes de apoyo social robustas.
c) Ingresos insuficientes.
d) Cambios frecuentes de domicilio.

51. ¿Qué caracteriza a los centros residenciales de menores?

a) Facilitan atención especializada a menores separados de su núcleo familiar.
b) Exclusivamente ofrecen servicios médicos a menores con enfermedades crónicas.
c) Proporcionan formación profesional a menores de edad.
d) Actúan como internados para menores con alto rendimiento académico.

52. ¿Qué objetivo tienen los centros de atención de día para menores?

a) Ofrecer programas de ocio y tiempo libre exclusivamente.
b) Proporcionar diversas atenciones durante el día, apoyando a las familias.
c) Servir como centros de detención preventiva para menores en conflicto con la ley.
d) Enfocarse en la enseñanza de idiomas extranjeros.

53. ¿Qué requisitos deben cumplir los dormitorios en los centros residenciales para menores?

a) Tener una capacidad máxima de 6 plazas y una superficie mínima de 4 m² más 2 m² por plaza.
b) Tener una capacidad máxima de 4 plazas y una superficie mínima de 6 m² más 2 m² por plaza.
c) Ser utilizados simultáneamente como estancias de convivencia.
d) Incluir áreas de juego interactivas en cada habitación.

54. ¿Qué busca la Ley Orgánica 5/2000, de 12 de enero?

a) Imponer sanciones más severas a delitos cometidos por adultos.
b) Regular la responsabilidad penal de los menores.
c) Establecer un sistema de becas para estudios superiores.
d) Crear un marco nacional para el voluntariado juvenil.

55. ¿Con que titulaciones o competencias profesionales deberán contar la dirección de los centros de menores?

a) Solo profesionales con experiencia en administración financiera.
b) Exclusivamente expertos en derecho juvenil.
c) Profesionales con titulación en áreas psicológica, pedagógica o socioeducativa.
d) Profesionales con competencias en seguridad pública.

56. Establece, entre otros aspectos, las líneas básicas de actuación en la educación de las personas con discapacidad (física, psíquica o sensorial), considerando la integración escolar como el medio fundamental para conseguir la integración social:

a) La Constitución Española de 1978.
b) La Ley de Integración Social de las personas con discapacidad (LISMI) de 1982.
c) La Ley Orgánica 1/1990, de 3 de octubre, de Ordenación General del Sistema Educativo (LOGSE).
d) Ley General de los Derechos de las Personas con Discapacidad de 2014.

57. Con la aplicación de qué norma el modelo de intervención deja de centrarse en la discapacidad o dificultad del individuo y se empieza a hablar de alumnos con Necesidades Educativas Especiales (NEE):

a) La Constitución Española de 1978.
b) La Ley de Integración Social de las personas con discapacidad (LISMI) de 1982.
c) La Ley Orgánica 1/1990, de 3 de octubre, de Ordenación General del Sistema Educativo (LOGSE).
d) Ley General de los Derechos de las Personas con Discapacidad de 2014.

58. ¿Qué se hace necesario con el nuevo modelo de intervención educativo que ofrece una especial atención a los alumnos con NEE?

a) Mayores recursos educativos.
b) Aumentar la ratio de alumnos.
c) Disminuir la ratio de alumnos.
d) Centros escolares más grandes.

59. ¿Qué porcentaje de alumnos de la población escolar suponen los alumnos con NEE a partir de la aparición de la consideración de las NEE en la normativa?

a) Un 30%.
b) Un 20%.
c) Un 50%.
d) Un 5%.

60. La principal diferencia con la aparición del concepto de atención a las NEE consiste en:

a) Que ahora solo se tienen en cuenta a los alumnos con dificultades permanentes, no a aquellos que en un momento determinado necesitan una atención educativa específica e individualizada para poder seguir su proceso de aprendizaje de forma adecuada y en condiciones de igualdad con el resto de los alumnos.
b) Que ahora no solo se tienen en cuenta a los alumnos con dificultades permanentes, sino también aquellos que en un momento determinado necesitan una atención educativa específica e individualizada para poder seguir su proceso de aprendizaje de forma adecuada y en condiciones de igualdad con el resto de los alumnos.
c) Que ahora se tienen en cuenta a los alumnos con dificultades permanentes, pero no a aquellos que en un momento determinado necesitan una atención educativa específica e individualizada para poder seguir su proceso de aprendizaje de forma adecuada y en condiciones de igualdad con el resto de los alumnos.
d) Que ahora no se tienen en cuenta a los alumnos con dificultades permanentes, ni a aquellos que en un momento determinado necesitan una atención educativa específica e individualizada para poder seguir su proceso de aprendizaje de forma adecuada y en condiciones de igualdad con el resto de los alumnos.

61. ¿Con el desarrollo de qué sentido se relaciona lo siguiente "El niño de pocos días es capaz de seguir con la mirada un objeto que se acerca a su rostro?

a) El oído.
b) La visión.
c) El tacto.
d) El gusto.

62. El desarrollo de las habilidades motrices depende de la maduración neurológica y pasa por una serie de fases. ¿Qué fase es la que se extiende a lo largo del segundo trimestre de vida y coincide con el perfeccionamiento de los sentidos?

a) Fase de automatismo.
b) Fase receptiva.
c) Fase de experimentación y adquisición de conocimientos.
d) Fase explicativa.

63. La capacidad para sentarse del bebé suele comenzar hacia:

a) El cuarto o quinto mes.
b) El quinto o sexto mes.
c) El segundo o tercer mes.
d) El noveno o décimo mes.

64. ¿A partir de qué edad la mayoría de los niños son capaces de ponerse en pie agarrándose a algo o a alguien y permanecer en esta posición durante unos momentos siempre que cuenten con apoyo?

a) De los 5 o 6 meses.
b) Desde que nacen.
c) De los 8 o 9 meses.
d) A partir de los 24 meses.

65. Según Piaget, el periodo sensoriomotor abarca:

a) Desde los 0 a 24 meses.
b) Desde los 8 a los 10 meses.
c) Desde los 10 a los 30 meses.
d) Desde que nacemos hasta la adolescencia.

66. El consumo de fibras insolubles en los niños mayores de dos años y hasta los dieciocho, se recomienda:

a) La cantidad que resulte de sumar 5 g/día a su edad.
b) La cantidad que resulte de sumar 10 g/día a su edad.

c) La cantidad que resulte de sumar 15 g/día a su edad.
d) La cantidad que resulte de sumar 20 g/día a su edad.

67. Los nutrientes que actúan como aislante térmico contra el frío y de envoltorio protector de órganos vitales, intervienen en la síntesis de estructuras como membranas celulares y tejido nervioso y transportan vitaminas liposolubles (A, D, E y K) son:

a) Hidratos de carbono.
b) Proteínas.
c) Grasas.
d) Vitaminas.

68. ¿Por la deficiencia de qué nutriente aparecen síntomas como alteración del crecimiento, retraso del aprendizaje, hormigueo en las extremidades, alteraciones de la coordinación motora y alteraciones visuales?

a) De ácido linolénico.
b) De ácido alfa linoleico.
c) De ácidos grasos insaturados.
d) De fibras insolubles.

69. Las proteínas tienen función:

a) Estructural, transportadora y reguladora.
b) Estructural, transportadora, reguladora y defensiva.
c) Estructural, defensiva y reguladora.
d) Estructural, transportadora, digestiva y defensiva.

70. ¿Qué diferencias encontramos entre las vitaminas y las grasas, las proteínas y los glúcidos?

a) Que las vitaminas no aportan energía.
b) Que el organismo no tiene capacidad para sintetizarlas, excepto vitamina D y vitaminas K1, B1 B12 y ácido fólico.
c) Que las vitaminas son necesarias para que el organismo pueda llevar a cabo todas sus funciones.
d) Todas las respuestas son verdaderas.

71. El reparto de responsabilidades para la jornada diaria:

a) En una rutina de entrada.
b) Es una rutina de la asamblea.
c) Es una rutina de higiene.
d) Es una rutina de salida.

72. La rutina de alimentación se realiza:

a) En torno a los grupos con los padres y madres.
b) En torno a los momentos de almuerzo, merienda, comida y cena.
c) En torno a los momentos de almuerzo, merienda o comida.
d) En torno al cuidado y limpieza de las partes del cuerpo.

73. El contenido de trabajo relacionado con la regulación del comportamiento del niño/a se realiza:

a) En las rutinas de entrada y asamblea.
b) En las rutinas de asamblea y de alimentación.
c) En las rutinas de entrada y salida.
d) En las rutinas de alimentación e higiene.

74. Son rutinas de alimentación:

a) Ayudar a poner la mesa y utilizar cubiertos correctamente.
b) Ponerse baberos y servilletas y usar las manos en la comida.
c) Lavarse los dientes antes de la comida y masticar y deglutir correctamente.
d) Todas las respuestas son correctas.

75. El control de esfínteres requiere una maduración fisiológica que el niño/a adquiere:

a) En torno a los 12 meses.
b) En torno a los 18 meses.
c) En torno a los 24 meses.
d) En torno a los 36 meses.

76. Señala cuál de las siguientes es una enfermedad producida por parásitos:

a) Varicela.
b) Pediculosis.
c) Impétigo.
d) Rubéola.

77. Qué enfermedad producida por hongos origina lesiones peribucales que son pequeños puntitos blancos que se desarrollan en los alrededores de la boca:

a) Muget.
b) Sarna.
c) Tiña corporal.
d) Tiña.

78. Qué enfermedad presenta como síntomas más habituales la aparición de pápulas, vesículas y excavaciones bajo la piel; especialmente visibles en los espacios interdigitales, codos, axilas y regiones genitales:

a) Áscaris.
b) Tenia.
c) Sarna.
d) Oxiuros.

79. Cuál de los siguientes parásitos intestinales tienen larvas que se hallan enquistadas en carnes de cerdo o vaca, de donde pasa al hombre u otros mamíferos:

a) Tenia.
b) Oxiuros.
c) Áscaris.
d) Tiña.

80. Señala uno de los errores alimenticios más frecuentes en la infancia:

a) Hacer dieta frente a los niños.
b) Preguntar a los niños qué quieren comer.
c) Darle lácteos de postre.
d) Todas las respuestas son correctas.

81. Cuándo aparece el juego simbólico:

a) Aproximadamente entre los dos y los tres años.
b) Aproximadamente entre el primer y segundo año.
c) Aproximadamente entre los doce y quince meses.
d) En torno a los diez meses.

82. Cuándo aparece la diferenciación de sexos en cuanto a juego:

a) Entre los cinco y los seis años.
b) Entre los tres y los cuatro años.
c) Entre los dos y los tres años.
d) Antes de los dos años.

83. A partir de qué edad aproximadamente crece el interés por el juego con otros niños:

a) A partir de los cinco años.
b) A partir de los cuatro años.
c) A partir de los tres años.
d) A partir de los dos años.

84. A partir de qué edad predomina el juego compartido con otros niños, abandonando definitivamente el juego en paralelo:

a) A partir de los cinco o seis años.
b) A partir de los cuatro o cinco años.
c) A partir de los tres o cuatro años.
d) A partir de los dos o tres años.

85. Qué teoría vino a decir que el juego permite al niño rebajar la energía acumulada que no se ha consumido en las necesidades biológicas básicas, por lo que el juego sería el resultado del excedente energético:

a) La Teoría de la recapitulación de Granville Stanley Hall.
b) La Teoría del preejercicio o anticipación funcional de Karl Groos.
c) La Teoría del excedente energético de Herbert Spencer.
d) La Teoría de la relajación de Lazarus.

86. Qué Decreto establece la ordenación y el currículo de la educación infantil en la Comunidad Autónoma de Galicia:

a) El Decreto 81/1019, de 1 de febrero.
b) El Decreto 96/2023, de 9 de junio.
c) El Decreto 130/2023, de 14 de octubre.
d) El Decreto 150/2022, de 8 de septiembre.

87. Señala uno de los medios de participación de la Comunidad Educativa:

a) Las Escuela de padres y madres.
b) Las AMPAS (Asociación de madres y padres de alumnos).
c) Las reuniones (tanto formales como no formales).
d) Todas las respuestas son correctas.

88. Qué Real Decreto regula las Asociaciones de Padres de Alumnos:

a) El Real Decreto 815/1990, de 13 de septiembre.
b) El Real Decreto 1533/1986, de 11 de julio.
c) El Real Decreto 1203/1986, de 1 de octubre.
d) El Real Decreto 792/1984, de 9 de septiembre.

89. Señala una de las finalidades de las asociaciones de padres de alumnos descritas en el art. 5 del Real Decreto 1533/1986, de 11 de julio:

a) Asistir a los padres de alumnos en el ejercicio de su derecho a intervenir en el control y gestión de los centros sostenidos con fondos públicos.
b) Asistir a los padres o tutores en todo aquello que concierne a la educación de sus hijos o pupilos.

c) Promover la participación de los padres de los alumnos en la gestión del centro.
d) Todas las respuestas son correctas.

90. Qué Real Decreto aprueba el Reglamento Orgánico de las Escuelas de Educación Infantil y de los Colegios de Educación Primaria:

a) El Real Decreto 82/1996, de 26 de enero.
b) El Real Decreto 66/1997, de 12 de febrero.
c) El Real Decreto 90/1999, de 21 de noviembre.
d) El Real Decreto 109/2000, de 20 de noviembre.

PREGUNTAS DE RESERVA

1. La Comunidad Autónoma podrá establecer acuerdos de cooperación con otras Comunidades Autónoma:

a) Esta afirmación es errónea.
b) Sí, puede realizarlo siempre y en todo caso.
c) Puede establecerlos previa autorización de las Cortes Generales.
d) Puede establecerlos previa autorización del Gobierno.

2. Las normas y principios morales:

a) Solo se refieren a la actuación directa con el niño.
b) Solo se refieren a la actuación directa con la familia.
c) Solo se refieren a la actuación directa con los amigos del niño.
d) Se refieren a la actuación directa con el niño, con sus familias y con los colegas que también trabajan con los niños.

3. ¿Qué tipo de materiales podemos encontrar?

a) Materiales de juego, de psicomotricidad y para la educación artística.
b) Materiales de lenguaje, de educación sensorial y vivo.
c) Materiales de matemáticas, de orientación y experimentación.
d) Todas las respuestas son correctas.

4. ¿Qué tipo de horario facilita la adaptación del niño al centro?

a) La jornada completa.
b) El horario reducido.
c) El horario de mañana.
d) El horario de tarde.

5. ¿Cuál de los siguientes no es un criterio para diseñar actividades?

a) Deben estar aprobados previamente por la comunidad.
b) Deben responder a las características personales de los alumnos.
c) Se debe dar al alumno participación en su elaboración y solución.
d) Deben estar bien organizadas en función de los objetivos que queremos conseguir.

Solución al simulacro n.º 2

1. d) No se admitirá en ningún caso.

2. b) El Congreso de los Diputados.

3. a) Las diferencias entre los Estatutos de las distintas Comunidades Autónomas no podrán implicar privilegios económicos o sociales.

4. d) Mediante Ley Orgánica y por las Cortes Generales.

5. d) Todas las respuestas anteriores son correctas.

6. a) Blanca con una banda diagonal de color azul que la atraviesa desde el ángulo superior izquierdo hasta el inferior derecho.

7. d) Tiene himno y escudo propios.

8. c) Os Pinos.

9. c) Nulos de pleno derecho.

10. c) Nulos de pleno derecho.

11. b) Anulables.

12. d) Las respuestas b y c son correctas.

13. d) Personal eventual.

14. a) Al personal funcionario.

15. a) Al personal funcionario.

16. a) Al personal funcionario.

17. c) Autoridad de control.

18. a) Seudonimización.

19. b) Título II.

20. d) Acoso por razón de sexo.

21. d) Todas las respuestas anteriores son correctas.

22. a) Discriminación sexista múltiple.

23. d) Todas las respuestas anteriores son correctas.

24. d) Comprende la violencia que con el objetivo de causar perjuicio o daño a las mujeres se ejerza sobre sus familiares o allegados menores de edad por parte de quienes sean o hayan sido sus cónyuges o de quienes estén o hayan estado ligados a ellas por relaciones similares de afectividad, solo cuando ha habido convivencia, aún sin convivencia.

25. b) Se considera violencia sexual.

26. b) Evitar la participación de forma activa en la vida económica, social y cultural, con una actitud crítica y de responsabilidad.

27. a) Promover e implementar la mediación familiar.

28. c) Las respuestas a y b son correctas.

29. c) La coordinación y mediación con familias.

30. d) Las respuestas b) y c) son verdaderas.

31. a) Por medio de la disposición del ambiente.

32. a) Puede constituir una unidad didáctica en sí misma.

33. d) Programado y con una primera toma de contacto.

34. c) Período de adaptación.

35. b) Los padres.

36. c) Las características psicoevolutivas y la relación que mantiene con sus padres.

37. c) Al Gobierno, previa consulta a las comunidades autónomas.

38. b c) Decreto 150/2022, de 8 de septiembre.

39. b) Los centros educativos.

40. c c) Las respuestas a y b son correctas.

41. c) La influencia de los medios de comunicación.

42. d) En las provincias interiores y costeras.

43. a) El uso generalizado de alguna lengua en un determinado contexto.

44. c) El derecho de conocerlos y usarlos.

45. c) La comprensión del valor constitucional de la igualdad entre ambos sexos.

46. a) La incorporación en el aprendizaje de métodos colaborativos.

47. a) Aislamiento social del menor.

48. b) Prenatal.

49. c) Falta de redes de apoyo social.

50. b) Redes de apoyo social robustas.

51. a) Facilitan atención especializada a menores separados de su núcleo familiar.

52. b) Proporcionar diversas atenciones durante el día, apoyando a las familias.

53. b) Tener una capacidad máxima de 4 plazas y una superficie mínima de 6 m² más 2 m² por plaza.

54. b) Regular la responsabilidad penal de los menores.

55. c) Profesionales con titulación en áreas psicológica, pedagógica o socioeducativa.

56. b) La Ley de Integración Social de las personas con discapacidad (LISMI) de 1982.

57. c) La Ley Orgánica 1/1990, de 3 de octubre, de Ordenación General del Sistema Educativo (LOGSE).

58. a) Mayores recursos educativos.

59. b) Un 20%.

60. b) Que ahora no solo se tienen en cuenta a los alumnos con dificultades permanentes, sino también aquellos que en un momento determinado necesitan una atención educativa específica e individualizada para poder seguir su proceso de aprendizaje de forma adecuada y en condiciones de igualdad con el resto de los alumnos.

61. b) La visión.

62. b) Fase receptiva.

63. a) El cuarto o quinto mes.

64. c) De los 8 o 9 meses.

65. a) Desde los 0 a 24 meses.

66. a) la cantidad que resulte de sumar 5 g/día a su edad

67. c) Grasas

68. a) De ácido linolénico

69. b) Estructural, transportadora, reguladora y defensiva

70. d) Todas las respuestas son verdaderas

71. b) Es una rutina de la asamblea

72. c) En torno a los momentos de almuerzo, merienda o comida

73. b) En las rutinas de asamblea y de alimentación

74. a) Ayudar a poner la mesa y utilizar cubiertos correctamente

75. c) En torno a los 24 meses

76. b) Pediculosis.

77. a) Muget.

78. c) Sarna.

79. a) Tenia.

80. d) Todas las respuestas son correctas.

81. a) Aproximadamente entre los dos y los tres años.

82. b) Entre los tres y los cuatro años.

83. c) A partir de los tres años.

84. a) A partir de los cinco o seis años.

85. c) La Teoría del excedente energético de Herbert Spencer.

86. d) El Decreto 150/2022, de 8 de septiembre.

87. d) Todas las respuestas son correctas.

88. b) El Real Decreto 1533/1986, de 11 de julio.

89. d) Todas las respuestas son correctas.

90. a) El Real Decreto 82/1996, de 26 de enero.

PREGUNTAS DE RESERVA

1. c) Puede establecerlos previa autorización de las Cortes Generales.

2. d) Se refieren a la actuación directa con el niño, con sus familias y con los colegas que también trabajan con los niños.

3. d) Todas las respuestas son correctas.

4. b) El horario reducido.

5. a) Deben estar aprobados previamente por la comunidad.

SIMULACRO N.º 3

1. La reforma de un Estatuto, según el artículo 147 de la CE se ajustará, ¿a qué procedimiento?

a) Al establecido en la Constitución.
b) Al establecido en el Estatuto.
c) Al establecido por las Cortes Generales.
d) Son correctas a) y b).

2. ¿A quién corresponde la iniciativa del proceso autonómico si un territorio insular quiere ejercer su derecho a la autonomía?

a) Al órgano interinsular correspondiente y a las ¾ partes de los municipios cuya población represente, al menos, la mayoría del censo electoral de la isla.
b) A la Diputación provincial y a las 2/3 partes de los municipios cuya población represente, al menos, la mayoría del censo electoral de la isla.
c) A las Cortes Generales.
d) Ninguna es correcta.

3. ¿Quién elabora el proyecto de Estatuto según el artículo 146 de la CE?

a) Las Cortes Generales que lo tramitarán como ley.
b) Una asamblea compuesta por los miembros de la Diputación u órgano interinsular de las provincias afectadas y por los diputados y senadores elegidos en ellas.
c) Los Gobiernos de las provincias afectadas y los diputados y senadores elegidos en ellas.
d) Ninguna es correcta.

4. Si una Comunidad Autónoma no cumpliere las obligaciones que la Constitución u otras leyes le impongan, o actuare de forma que atente gravemente al interés general de España:

a) Las Cortes, previo requerimiento al Presidente de la Comunidad Autónoma y en el caso de no ser atendido, con la aprobación por mayoría absoluta del Congreso, podrá adoptar las medidas necesarias para obligar a aquella al cumplimiento forzoso de dichas obligaciones o para la protección del mencionado interés general.

b) El Presidente del Gobierno, previo requerimiento al Presidente de la Comunidad Autónoma y, en el caso de no ser atendido, con la aprobación por mayoría absoluta de las Cortes Generales, podrá adoptar las medidas necesarias para obligar a aquella al cumplimiento forzoso de dichas obligaciones o para la protección del mencionado interés general.

c) El Gobierno, previo requerimiento al Presidente de la Comunidad Autónoma y, en el caso de no ser atendido, con la aprobación por mayoría absoluta del Senado, podrá adoptar las medidas necesarias para obligar a aquella al cumplimiento forzoso de dichas obligaciones o para la protección del mencionado interés general.

d) Ninguna es correcta.

5. El escudo de Galicia trae:

a) En campo de azur, un cáliz de oro sumado de una hostia de plata, y acompañado de siete cruces recortadas del mismo metal, tres a cada lado y una en el centro del eje. El timbre corona real, cerrada, que es un círculo de oro, engastado de piedras preciosas, compuesto de ocho florones de hojas de acanto, visibles cinco, interpoladas de perlas, y de sus hojas salen sendas diademas sumadas de perlas, que convergen en un mundo de azur, con el semimeridiano y el ecuador de oro, sumado de cruz de oro. La corona, forrada de gules o rojo.

b) En campo de azur, un cáliz de oro sumado de una hostia de cobre, y acompañado de cuatro cruces recortadas del mismo metal, tres a cada lado y una en el centro del eje. El timbre corona real, cerrada, que es un círculo de plata, engastado de piedras preciosas, compuesto de ocho florones de hojas de acanto, visibles cinco, interpoladas de perlas, y de sus hojas salen sendas diademas sumadas de perlas, que convergen en un mundo de azur, con el semimeridiano y el ecuador de oro, sumado de cruz de oro. La corona, forrada de gules o rojo.

c) En campo de azur, un cáliz de oro sumado de una hostia de plata, y acompañado de cinco cruces recortadas del mismo metal, tres a cada lado y una en el centro del eje. El timbre corona real, cerrada, que es un círculo de plata, engastado de piedras preciosas, compuesto de cuatro florones de hojas de acanto, visibles cinco, interpoladas de perlas, y de sus hojas salen sendas diademas sumadas de perlas, que convergen en un mundo de azur, con el semimeridiano y el ecuador de oro, sumado de cruz de oro. La corona, forrada de gules o rojo.

d) En campo de azur, un cáliz de plata sumado de una hostia de oro, y acompañado de siete cruces recortadas del mismo metal, tres a cada lado y una en el centro del eje. El timbre corona real, cerrada, que es un círculo de cobre, engastado de piedras preciosas, compuesto de ocho florones de hojas de acanto, visibles cinco, interpoladas de perlas, y de sus hojas salen sendas diademas sumadas de perlas, que convergen en un mundo de azur, con el semimeridiano y el ecuador de oro, sumado de cruz de oro. La corona, forrada de gules o morado.

6. Es sede del Parlamento, de la Xunta, de su Presidente y de las Consejerías:

a) Lugo.
b) Pontevedra.

c) A Coruña.
d) Santiago de Compostela.

7. Es sede del Tribunal Superior de Justicia:

a) Lugo.
b) Pontevedra.
c) A Coruña.
d) Santiago de Compostela.

8. Se conocer al Defensor del Pueblo en Galicia como:

a) El Defensor del Poble.
b) El Garante.
c) El Representante.
d) El Valedor do Pobo.

9. En la nulidad de pleno derecho, la acción para combatir el acto no prescribe, pudiendo la Administración en cualquier momento, de oficio o a instancia de parte declararla, sin que pueda convalidar el acto administrativo. Para ello será necesario el previo dictamen favorable de:

a) El Presidente del Gobierno.
b) La persona titular del Ministerio de Hacienda.
c) El Consejo de Ministros.
d) El Consejo de Estado.

10. El plazo máximo en el que debe notificarse la resolución expresa por la Administración será el fijado por la norma reguladora del correspondiente procedimiento. Este plazo, salvo que una norma con rango de Ley establezca uno mayor o así venga previsto en el Derecho de la Unión Europea, no podrá exceder de:

a) Treinta días.
b) Tres meses.
c) Seis meses.
d) Un año.

11. El transcurso del plazo máximo legal para resolver un procedimiento y notificar la resolución se podrá suspender:

a) Cuando se soliciten informes preceptivos a un órgano de la misma o distinta Administración, por el tiempo que medie entre la petición y la recepción del informe.
b) Cuando deba requerirse a cualquier interesado para la subsanación de deficiencias o la aportación de documentos y otros elementos de juicio necesarios, por el tiempo que medie entre la notificación del requerimiento y su efectivo cumplimiento por el destinatario, o, en su defecto, por el del plazo concedido.

c) Cuando deban realizarse pruebas técnicas o análisis contradictorios o dirimentes propuestos por los interesados, durante el tiempo necesario para la incorporación de los resultados al expediente.

d) Todas las respuestas son correctas.

12. ¿Qué recurso cabe contra el acuerdo que resuelva sobre la ampliación de plazos, que deberá ser notificado a los interesados?

a) Recurso de alzada.
b) Recurso de reposición.
c) Recurso extraordinario de revisión.
d) Ninguno.

13. Para que pueda procederse al nombramiento de personal funcionario interino tiene que concurrir:

a) La existencia de puestos vacantes, con dotación presupuestaria, cuando no sea posible su cobertura por personal funcionario de carrera, por un plazo máximo de 3 años.

b) La sustitución transitoria de las personas titulares de los puestos, durante el tiempo estrictamente necesario.

c) La ejecución de programas de carácter temporal y de duración determinada que no respondan a necesidades permanentes de la Administración.

d) Todas las respuestas anteriores son correctas.

14. El primer nombramiento como personal funcionario interino en un determinado cuerpo, escala o especialidad estará sujeto a un período de prueba. Este período tendrá una duración de:

a) 3 meses para los cuerpos, escalas o especialidades del grupo A.
b) 3 meses para los cuerpos, escalas o especialidades del grupo B.
c) 2 mes para los cuerpos, escalas o especialidades del grupo C.
d) 10 días mes para los cuerpos, escalas o especialidades del grupo C.

15. El cese del personal funcionario interino se producirá, además de por las causas que determinan la pérdida de la condición de personal funcionario de carrera:

a) Por la cobertura reglada del puesto por personal funcionario de carrera a través de cualquiera de los procedimientos legalmente establecidos.

b) Por razones organizativas que den lugar a la supresión o a la amortización del puesto asignado.

c) Por la finalización del plazo autorizado expresamente recogido en su nombramiento.

d) Todas las respuestas anteriores son correctas.

16. El personal laboral, en función del régimen de duración del contrato, puede ser:

a) Fijo o discontinuo.
b) Fijo, temporal o indefinido.
c) Definido o indefinido.
d) Continuo o discontinuo.

17. Respecto a la naturaleza de la LO 3/ 2018, de 5 de diciembre, de Protección de Datos Personales y garantía de los derechos digitales:

a) Todo su articulado tiene carácter de ley orgánica.
b) Los títulos I a V tienen carácter de ley orgánica y los títulos restantes, carácter de ley ordinaria.
c) Los títulos I a X tienen carácter de ley orgánica, mientras que las disposiciones adicionales, transitorias, derogatoria y finales tienen carácter de ley ordinaria.
d) Algunos títulos, artículos y disposiciones tienen carácter de ley ordinaria.

18. Lo dispuesto en los Títulos I a IX y en los artículos 89 a 94 de la LO 3/2018 se aplica:

a) Al tratamiento no automatizado de datos personales contenidos o destinados a ser incluidos en un fichero.
b) A los tratamientos excluidos del ámbito del RGPD.
c) A los tratamientos de datos de personas fallecidas.
d) A los tratamientos sometidos a la normativa sobre protección de materias clasificadas.

19. ¿En virtud de qué principio previsto por el Reglamento General de Protección de Datos, los datos personales serán adecuados, pertinentes y limitados a lo necesario en relación con los fines para los que son tratados?

a) Principio de exactitud.
b) Principio de limitación de la finalidad.
c) Principio de responsabilidad proactiva.
d) Principio de minimización de datos.

20. Cuando, junto al sexo, concurren o interactúan otra u otras causas de discriminación, generando una forma específica de discriminación estamos ante una:

a) Discriminación sexista múltiple.
b) Discriminación sexista interseccional.
c) Discriminación variada.
d) Discriminación absoluta.

21. El reparto equilibrado entre mujeres y hombres de las obligaciones familiares, las tareas domésticas y el cuidado de personas dependientes mediante la individualización de los derechos y el fomento de su asunción por parte de los hombres y la prohibición de discriminación basada en su libre ejercicio por parte de estos se denomina:

a) Coordinación.
b) Corresponsabilidad.
c) Contemporáneo.
d) Responsabilidad añadida.

22. El conjunto de construcciones sociales, educativas y culturales de los roles, rasgos de la personalidad, actitudes, actividades, comportamientos, valores, apariencia externa, imagen o expectativas sociales que se asocian o atribuyen de forma diferencial en una determinada sociedad a mujeres y hombres es la definición que la ley otorga a:

a) El género.
b) El sexo.
c) Identidad.
d) Repercusión.

23. En el campo de la publicidad:

a) Esta habrá de respetar la dignidad de las mujeres y su derecho a una imagen no estereotipada, ni discriminatoria, pero solo se exige en los medios de comunicación públicos.

b) Esta habrá de respetar la dignidad de las mujeres y su derecho a una imagen no estereotipada, ni discriminatoria, pero solo se exige en los medios de comunicación privados.

c) Esta habrá de respetar la dignidad de las mujeres y su derecho a una imagen no estereotipada, ni discriminatoria, tanto si se exhibe en los medios de comunicación públicos como en los privados.

d) No se debe respetar la dignidad de las mujeres y su derecho a una imagen no estereotipada, ni discriminatoria, siempre que se justifique en atención a los criterios del medio.

24. La Comisión encargada de apoyar técnicamente, coordinar y evaluar las medidas sanitarias establecidas en la Ley, en el ámbito de la Salud se conoce como:

a) Consejo Interterritorial del Sistema Nacional de Salud.
b) Consejo Ministerial del Sistema Nacional de Salud.
c) Consejo Estatal del Sistema Nacional de Salud.
d) Consejo Autonómico del Sistema Nacional de Salud.

25. Para el caso de las víctimas de violencia de género con recursos insuficientes:

a) Preferentemente, van a recibir la ayuda legal de asociaciones.
b) Preferentemente, van a recibir la ayuda legal de fundaciones.
c) Se les reconoce el derecho a la asistencia jurídica gratuita.
d) Todas las respuestas anteriores son incorrectas.

26. Alguno de los objetivos generales de este ciclo formativo son los siguientes:

a) Aplicar técnicas de primeros auxilios, empleando los protocolos establecidos para dar respuesta a situaciones de emergencia y riesgo para la salud en el desarrollo de su actividad profesional.
b) Identificar y evaluar su contribución a los objetivos de la Institución, valorando su actividad profesional para la consecución de los mismos.
c) Identificar y seleccionar los recursos didácticos, describiendo sus características y aplicaciones para organizarlos de acuerdo con la actividad y los destinatarios.
d) Todas las respuestas son correctas.

27. Los módulos profesionales de este ciclo formativo no son:

a) Mediación familiar.
b) Autonomía personal y salud infantil.
c) Primeros auxilios.
d) Habilidades sociales.

28. La programación es una tarea previa a la realización de un trabajo que pretende incrementar la eficacia del mismo, es una función:

a) Del técnico infantil.
b) Del Educador Infantil.
c) Del Educador social.
d) Ninguna de las anteriores es correcta.

29. Las tareas del Educador Infantil son:

a) Asistenciales.
b) De animación.
c) Enseñanza.
d) Todas las respuestas son correctas.

30. ¿Cómo se lleva a cabo la organización del ambiente educativo?

a) En función de sus necesidades e intereses, sus valores culturales y, además habrá de propiciar su encuentro y relación.
b) En función de los protagonistas en su dimensión social, económica y cultural, y su edad.

c) Las respuestas a y b son correctas.
d) Ninguna de las respuestas es correcta.

31. Para mejorar la organización del ambiente educativo, es necesario conocer:

a) Las necesidades de comunicación: juego dramático, expresión corporal, plástica, verbal, etc.
b) Las necesidades de socialización: conocimiento del otro, juego en común, compartir, etc.
c) Las necesidades fisiológicas: limpieza, alimentación, sueño, seguridad, etc.
d) Todas las anteriores son correctas.

32. La organización de los espacios y los tiempos en la Educación Infantil se ha de realizar:

a) De forma que responda a las necesidades de los padres.
b) De forma que responda a las necesidades e intereses educativos.
c) De forma que responda a las necesidades e intereses de los niños.
d) Ninguna es correcta.

33. Señala la respuesta correcta:

a) La adaptación del niño o la niña a la escuela ha de entenderse sólo como la adquisición de rutinas establecidas.
b) La adaptación del niño o la niña a la escuela ha de entenderse sólo como la integración social y afectiva.
c) La adaptación del niño y la niña a la escuela ha de entenderse como el aprendizaje de nuevas culturas.
d) La adaptación del niño y la niña a la escuela ha de entenderse no solo como la adquisición de las rutinas establecidas, sino también como su integración social y afectiva (con sus compañeros, con el educador).

34. El período de adaptación es un proceso:

a) De larga duración.
b) Que puede llegar a ser traumático.
c) Colectivo.
d) Individual.

35. El periodo de adaptación es un proceso depende de factores diferentes, ¿cuál de los siguientes no es uno de ellos?

a) Situación económica.
b) Edad.
c) Experiencia de escolarización previa.
d) N.º de hermanos.

36. El niño y la niña cuando entran en el centro de educación Infantil deben adaptarse a:

a) Nuevos horarios.
b) Nuevas personas.
c) Separación de los padres.
d) Todas las respuestas son correctas.

37. ¿En qué artículo del Decreto 150/2022, de 8 de septiembre, nos dice: "La educación infantil constituye la etapa educativa con identidad propia que atiende a niñas y niños desde el nacimiento hasta los seis años de edad"?

a) En el artículo 3.
b) En el artículo 1.
c) En el artículo 2.
d) En el artículo 30.

38. La finalidad de la educación infantil es:

a) Contribuir al desarrollo integral y armónico del alumnado en todas sus dimensiones.
b) Aumentar y desarrollar las capacidades del alumno desde las etapas iniciales.
c) Coordinar con los padres el desarrollo emocional del alumno.
d) Ninguna de las respuestas es correcta.

39. ¿Cuál de los siguientes no es un principio general de la educación infantil?

a) Tiene carácter voluntario.
b) Garantiza los principios de equidad e inclusión.
c) El segundo ciclo de esta etapa educativa será privado.
d) Principio del diseño universal para el aprendizaje.

40. ¿En qué artículo se establecen los principios generales de la educación infantil?

a) En el artículo 5.
b) En el artículo 3.
c) En el artículo 2.
d) En el artículo 7.

41. Los poderes públicos de Galicia:

a) Garantizaran el uso normal y oficial de uno de los dos idiomas.
b) Potenciarán la utilización del gallego en todos los órdenes de la vida pública, cultural e informativa, y, dispondrán los medios necesarios para facilitar su conocimiento.
c) Potenciarán la utilización del castellano en todos los órdenes de la vida pública, cultural e informativa, y, dispondrán los medios necesarios para facilitar su conocimiento.
d) Garantizarán el uso normal del castellano.

42. Según la Ley 3/1983, de 15 de junio, de Normalización Lingüística, los niños tienen derecho a recibir la primera enseñanza:

a) En gallego.
b) En portugués.
c) En castellano.
d) En su lengua materna.

43. La lengua gallega es materia de estudio obligatorio en:

a) Todos los niveles educativos no universitarios.
b) Todos los centros públicos y serán dispensados los centros de estudios privados.
c) Todos los niveles educativos universitarios.
d) La enseñanza primaria.

44. La adquisición de una competencia comunicativa en gallego por parte del alumnado solo se puede conseguir a través de:

a) La utilización vehicular de esta lengua en una parte significativa del currículo.
b) La obligación como materia de estudio en los niveles universitarios.
c) La incorporación de la lengua gallega en la enseñanza.
d) La impartición de la lengua gallega en un mínimo de la mitad de las materias.

45. Señala la respuesta incorrecta. Para la erradicación de prejuicios en los centros docentes, el artículo 43 de la Ley 7/2023 establece las siguientes medidas:

a) No se admitirán en el centro docente las desigualdades sustentadas en creencias, prejuicios, tradiciones o costumbres transmisoras, directa o indirectamente, de una distribución estereotipada de papeles entre los sexos o de una imagen de dominación de un sexo sobre el otro en cualquier ámbito de la vida.
b) Las docentes y los docentes no permitirán ninguna forma de machismo o misoginia en el seno de la comunidad escolar y, fundamentalmente entre niños y niñas y adolescentes, aplicarán activamente principios pedagógicos de respeto a la identidad y a la imagen de las personas.
c) Los centros habrán de dotarse de protocolos y establecer medidas para la detección precoz de la violencia de género y de apoyo a las víctimas ante cualquiera de las formas de violencia definidas en la legislación gallega.
d) La autoridad educativa, al establecer nuevas titulaciones de enseñanza no obligatoria, deberá respetar el principio de capacidad entre mujeres y hombres.

46. Las medidas de prevención de la violencia de género que se contemplan en la Ley 7/23 son las siguientes. Señala la que no proceda:

a) Las medidas precisas para una adecuada sensibilización social frente a este problema, así como el papel primordial que deben cumplir los medios de comunicación social en este ámbito.

b) Las medidas de investigación y formación.

c) Las medias en el ámbito laboral.

d) Las medidas en el ámbito de la educación reglada, entre las que cabe destacar la revisión y adaptación del currículo educativo.

47. Qué situación familiar no se menciona específicamente como un factor de riesgo para el maltrato infantil en el documento proporcionado?

a) Convivencia con un varón que no es el padre biológico de los niños.

b) Familias con un alto grado de movilidad geográfica.

c) Familias numerosas con recursos económicos limitados.

d) Ausencia de interacciones afectivas entre padres e hijos.

48. En la clasificación de la tipología del maltrato según los autores del mismo, ¿qué término describe el maltrato cometido por personas ajenas a la familia del menor?

a) Familiar.

b) Institucional.

c) Extrafamiliar.

d) Maltrato emocional.

49. ¿Cómo afecta la edad al riesgo de maltrato infantil y a qué tipos específicos de maltrato está más expuesto cada grupo de edad?

a) La frecuencia de maltrato físico es mayor en niños menores de cinco años debido a su vulnerabilidad y dependencia.

b) Los adolescentes son más propensos a sufrir maltrato emocional y negligencia, dada su mayor autonomía y los conflictos generacionales.

c) El maltrato disminuye con la edad, excepto el abuso sexual y ciertas formas de explotación, que incrementan.

d) Los niños en edad escolar enfrentan igual riesgo de todos los tipos de maltrato, sin variaciones significativas relacionadas con la edad.

50. ¿Qué establece la Ley Orgánica 8/2021, de 4 de junio, sobre la comunicación de situaciones de violencia hacia menores?

a) Solo los profesionales de la salud tienen el deber de comunicar.

b) Toda persona que advierta indicios de violencia debe comunicarlo inmediatamente a la autoridad competente.

c) Únicamente los familiares pueden comunicar casos de violencia.

d) Solo los docentes en aquellas situaciones en las que están presentes están obligados a comunicar indicios de violencia.

51. ¿Cuál es la finalidad de las viviendas tuteladas?

a) Apoyar a menores próximos a la mayoría de edad hacia su autonomía.
b) Proporcionar alojamiento temporal para menores extranjeros.
c) Servir como residencias de vacaciones para menores de familias de bajos ingresos.
d) Actuar como centros de entrenamiento deportivo de alto rendimiento para jóvenes.

52. ¿Cuál es el propósito principal de las miniresidencias para menores?

a) Ofrecer programas intensivos de rehabilitación física.
b) Servir exclusivamente como instalaciones para el alojamiento de menores, hijos/as de progenitores beneficiarios de protección internacional o temporeros/as.
c) Proveer atención residencial en un entorno normalizado con capacidad reducida.
d) Actuar como centros exclusivos para la educación a menores en situación de vulnerabilidad.

53. ¿Cómo se determina la ubicación preferente de los centros de menores?

a) Basándose exclusivamente en la proximidad a núcleos con gran densidad de población.
b) En núcleos de población o lugares de fácil acceso y cerca de servicios esenciales.
c) Cerca de zonas de entretenimiento y ocio para garantizar el esparcimiento de los menores.
d) Únicamente en áreas aisladas para asegurar la privacidad y seguridad.

54. ¿Cuál es una característica distintiva de los centros de reeducación para menores?

a) Estar ubicados exclusivamente en zonas urbanas densamente pobladas.
b) Prestar atención socioeducativa especializada a menores con problemas de conducta o internados por resolución judicial.
c) Ofrecer programas de estudio acelerado y avanzado para jóvenes talentosos.
d) Funcionar sin la supervisión de personal cualificado durante el día.

55. ¿Qué describe mejor a las viviendas de transición a la vida autónoma?

a) Instalaciones para la rehabilitación de menores afectados por discapacidad.
b) Viviendas normalizadas para jóvenes que buscan alcanzar autonomía definitiva con supervisión técnica externa.
c) Centros temporales para el tratamiento de adicciones en jóvenes.
d) Residencias para estudiantes universitarios en situación de vulnerabilidad.

56. La LOMCE:

a) Está vigente actualmente.
b) Está derogada actualmente.

c) No está derogada en su totalidad, perviven algunos artículos.

d) Solo está vigente su capítulo décimo.

57. En la LOMCE:

a) Encontramos la primera aproximación al término necesidad específica de apoyo educativo.

b) Se nombran por primera vez las necesidades educativas especiales.

c) No se recogen las necesidades específicas de apoyo educativo.

d) Ninguna de las respuestas anteriores es cierta.

58. La necesidad específica de apoyo educativo:

a) Hace referencia a cualquier necesidad que un alumno presente a lo largo de su escolaridad, sea cual sea su origen, repercusión y consecuencias, duración o pronóstico.

b) No hace referencia a cualquier necesidad que un alumno presente a lo largo de su escolaridad, sea cual sea su origen, repercusión y consecuencias, duración o pronóstico.

c) Hace referencia solo a la necesidad que un alumno presente a lo largo de su etapa de educación infantil, sea cual sea su origen, repercusión y consecuencias, duración o pronóstico.

d) Hace referencia a cualquier necesidad que un alumno presente a lo largo de su escolaridad en la educación secundaria, sea cual sea su origen, repercusión y consecuencias, duración o pronóstico.

59. La necesidad específica de apoyo educativo incluye:

a) Tanto por causas escolares, ambientales, familiares y personales de todo tipo.

b) Solo causas escolares y ambientales específicas

c) Solo causas familiares y personales generales

d) Tanto por causas ambientales como personales.

60. Según la LOE (con sus modificaciones LOMLOE) ¿qué organismos dispondrán los medios necesarios para que todo el alumnado alcance el máximo desarrollo personal, intelectual, social y emocional, así como los objetivos establecidos con carácter general en la Ley?

a) Las Administraciones de Hacienda.

b) Las Administraciones Locales.

c) Las Administraciones educativas.

d) Las Administraciones de sanidad y sociales.

61. ¿Cómo se ha denominado también al estadio de las reacciones circulares terciarias (12.º- 18.º mes) de la teoría de Piaget?

a) Teorizaciones.

b) Juegos.

c) Experimentos.
d) Símbolos.

62. ¿Cómo caracteriza Piaget el desarrollo de la inteligencia?

a) Como un desequilibrio cada vez mayor entre la asimilación y la acomodación.
a) Como un equilibrio cada vez mayor entre la dispersión y la acomodación.
a) Como un desequilibrio cada vez mayor entre la asimilación y la dispersión.
a) Como un equilibrio cada vez mayor entre la asimilación y la acomodación.

63. Cómo se define la tendencia a tomar el propio punto de vista como único referente. El niño percibe la realidad a través de su propia persona, sus vivencias, sus características, necesidades, intereses, propiedades, etc:

a) Egocentrismo.
b) Innatismo.
c) Animismo.
d) Operacionismo.

64. De las siguientes variables que intervienen en el proceso de adquisición del lenguaje, cuál de las siguientes no es una de ellas:

a) Maduración neurofisiológica.
b) Maduración psíquica.
c) Contexto sociocultural.
d) El idioma.

65. Se dice de ellos que son los dos mecanismos necesarios para poder hablar. Son:

a) La imitación y el deseo de aprender a hablar.
b) El nivel sociocultural y la edad de los padres.
c) La edad de los padres y la imitación.
d) El nivel sociocultural y el deseo de aprender a hablar.

66. ¿Cómo de denomina la Vitamina B2?

a) Tiamina.
b) Niacina.
c) Riboflavina.
d) Biotina.

67. Señala la respuesta correcta. La leche materna:

a) Debe ser el alimento aconsejado y recomendado para el recién nacido y el lactante sano durante los 4-6 primeros meses de vida.
b) Debe ser el alimento único para el recién nacido y el lactante sano durante los 6-12 primeros meses de vida.

c) No debe ser sustituido por suplementos de fórmula adaptados ya que provoca desajustes fisiológicos en los 4-6 primeros meses de vida.

d) Debe alternarse con suplementos de fórmula adaptados en los 4-6 primeros meses de vida.

68. Señala la respuesta correcta. La leche materna:

a) Puede permanecer a temperatura ambiente de entre 19 ºC y 22 ºC, durante un máximo de 10 a 12 horas, pero si no se va a consumir dentro de la hora siguiente a la extracción, se deberá conservar en la nevera.

b) Puede almacenarse en un congelador que esté dentro de una nevera de dos a cuatro meses.

c) Para calentarla lo más recomendable es hacerlo al "baño maría". No conviene utilizar el microondas, porque destruye células con propiedades defensivas y no reparte uniformemente el calor.

d) Todas las respuestas son correctas.

69. Las preparaciones destinadas a los lactantes a partir del 6.º mes hasta un año de edad, aunque pueden utilizarse en mayores de 12 meses si se precisa, se denominan:

a) Preparados para lactantes.

b) Preparados de continuación.

c) Leches especiales.

d) Fórmulas aptas.

70. La variación o introducción en la dieta del lactante de alimentos diferentes a la leche materna o de fórmula, ya sean líquidos, semilíquidos o sólidos se denomina:

a) Diversificación alimentaria (DA).

b) Alimentación complementaria.

c) Alimentos de destete.

b) Todas las respuestas son correctas.

71. Los principales hábitos en el desarrollo del niño/a son:

a) Hábitos relacionados con higiene y cuidado personal, vestido, alimentación y sueño.

b) Hábitos relacionados con higiene y cuidado personal, vestido, alimentación y sueño y descanso.

c) Hábitos relacionados con higiene y cuidado personal, vestido, alimentación, sueño y descanso y relación social.

d) Hábitos relacionados con higiene y cuidado personal, vestido, alimentación, sueño y descanso y relación social y familiar.

72. A las capacidades físicas, cognitivas o motrices que la persona necesita para realizar una conducta con éxito se le denominan:

a) Hábitos.
b) Habilidades.
c) Rutinas.
d) Costumbres.

73. Para la adquisición de hábitos hay que tener en cuenta:

a) La edad, grado de autonomía y habilidades básicas del niño/a.
b) Proporcionar al niño/a seguridad y motivación.
c) Actuar de forma coordinada con el ámbito familiar y escolar.
d) Todas las respuestas son correctas.

74. Las habilidades que requieren la capacidad cognitiva de comprender las acciones y secuencias de un hábito y en qué momento ha de realizarse se denominan:

a) Habilidades de ejecución.
b) Habilidades de planificación.
c) Habilidades de relación.
d) Habilidades de comunicación.

75. La intervención educativa para el proceso de aprendizaje con un niño/a requiere una planificación y programación previa que incluya:

a) Objetivos, Contenidos, Metodología y Actividades.
b) Objetivos, Metodología, Temporalización y Evaluación.
c) Objetivos, Contenidos, Metodología, Actividades, Recursos, Temporalización y Evaluación.
d) Objetivos, Metodología, Actividades, Temporalización y Evaluación.

76. La obesidad es un exceso de grasa en el cuerpo que frecuentemente condiciona una alteración del estado de la salud. Se ha establecido como acuerdo que son obesos:

a) Los hombres y las mujeres con más de un 25% de grasa corporal.
b) Los hombres con más de un 20% de grasa corporal y las mujeres con más del 25%.
c) Los hombres con más de un 20% de grasa corporal y las mujeres con más del 30%.
d) Los hombres con más de un 25% de grasa corporal y las mujeres con más del 30%.

77. Qué aberración en la comida consiste en la ingestión de material fecal y se asocia a madres depresivas, niños con malos tratos o familias con conductas hostiles ante los niños:

a) Tricotilomanía.
b) Onicofagia.

c) Coprofagia.
d) Pica.

78. Roerse y arrancarse las uñas se denomina:

a) Onicofagia.
b) Pica.
c) Tricotilomanía.
d) Rumiación.

79. Cómo se denomina la inflamación del prepucio y del glande, los cuales quedan enrojecidos, hinchados y sensibles al tacto:

a) Balanitis.
b) Dermatitis.
c) Apendicitis.
d) Blefaritis.

80. Cómo se denomina la inflamación de los bordes de los párpados:

a) Dermatitis.
b) Avitaminosis.
c) Blefaritis.
d) Balanitis.

81. Qué teoría vino a decir que el desarrollo del niño es una recapitulación breve de la evolución de la especie y que el contenido del juego y orden de aparición reflejarían la transición filogenética, desde el juego animal al juego humano y las transformaciones culturales ocurridas en los diferentes estadios de desarrollo de la humanidad:

a) La Teoría de la relajación de Lazarus.
b) La Teoría de la recapitulación de Granville Stanley Hall.
c) La Teoría del excedente energético de Herbert Spencer.
d) La Teoría del preejercicio o anticipación funcional de Karl Groos.

82. Para qué autor el juego no es simplemente ejercicio, sino "pre-ejercicio", en el sentido de que supone una práctica de las habilidades necesarias para la vida adulta, contribuyendo al desarrollo de las funciones cuya madurez se logrará al final de la infancia:

a) Granville Stanley Hall.
b) Herbert Spencer.
c) Lazarus.
d) Karl Groos.

83. Según qué teoría el juego es una actividad que sirve para compensar el esfuerzo y el agotamiento que producen en el niño otras actividades más serias y útiles:

a) Según la Teoría de la relajación de Lazarus.
b) Según la Teoría del excedente energético de Herbert Spencer.
c) Según la Teoría del preejercicio o anticipación funcional de Karl Groos.
d) Según la Teoría de la recapitulación de Granville Stanley Hall.

84. Qué autor se sitúa en una perspectiva evolucionista, influido por los estudios que muestran la analogía entre los diferentes estadios de desarrollo embrionario y los grandes períodos de la evolución de las especies:

a) Granville Stanley Hall.
b) Édouard Claparède.
c) Sigmund Freud.
d) Todas las respuestas son correctas.

85. Qué autor concibe el juego como un reflejo de la actitud interna del organismo ante la realidad:

a) Buytendijk.
b) Claparède.
c) Piaget.
d) Sigmund Freud.

86. Señala cuál de las siguientes no es una de las funciones de las asociaciones de padres de alumnos descritas en el Real Decreto 82/1996, de 26 de enero que aprueba el Reglamento Orgánico de las Escuelas de Educación Infantil y de los Colegios de Educación Primaria:

a) Informar a los padres de su actividad.
b) Elaborar informes para el consejo escolar a iniciativa propia o a petición de éste.
c) Aprobar junto con el consejo escolar el proyecto educativo y la programación general anual.
d) Elaborar propuestas de modificación del reglamento de régimen interior.

87. Dónde surgieron, a principios de siglo XX, las escuelas de padres como una de las respuestas a un clima social de preocupación por la infancia y la educación:

a) En Reino Unido.
b) En los Países Bajos.
c) En Dinamarca y Suecia.
d) En EE.UU y Francia.

88. Qué autor o autores consideran que la entrevista "es una conversación seria que se propone un fin determinado distinto del simple placer de la conversación":

a) Para Bingham y Moore.
b) Para Granville Stanley Hall.
c) Para Sutton-Smith y Robert.
d) Para Édouard Claparède.

89. La entrevista debe ser:

a) Firme en cuanto a la defensa de concepciones y estrategias acordes con los planteamientos de base, aunque en disposición de explicarlos para que sean comprendidos.
b) Positiva hacia los niños, destacando sus logros y capacidades más que sus problemas o dificultades.
c) Respetuosa y cordial, teniendo presente la importancia de establecer una corriente de comunicación adecuada con los padres.
d) Todas las respuestas son correctas.

90. Qué entrevista suele ser mucho más valorativa y el profesor adopta mayor protagonismo:

a) En la entrevista final.
b) En la entrevista inicial.
c) En la entrevista a lo largo del curso.
d) En la entrevista de mitad de curso.

PREGUNTAS DE RESERVA

1. En los procedimientos que tramite la AEPD al amparo del Título VIII de la LOPD se asegurarán los siguientes derechos:

a) El derecho de defensa y el derecho de audiencia de los interesados.
b) El derecho de los interesados a ser tratados con respeto y deferencia por las autoridades y empleados públicos y el derecho a obtener la colaboración de la Administración de Justicia.
c) El derecho de los interesados a ser asistidos por medios electrónicos y a utilizar las lenguas oficiales en el territorio de su Comunidad Autónoma.
d) El derecho de los interesados a solicitar la transcripción íntegra de su intervención y el derecho a ser indemnizados por las Administraciones Públicas correspondientes, de toda lesión que sufran en cualquiera de sus bienes y derechos.

2. Las responsabilidades éticas con los niños consiste en:

a) Ofrecer un ambiente seguro, saludable y rico en estímulos de modo que se favorezca el cuidado, desarrollo y educación, fomentando cualidades como el respeto, convivencia, cooperación, etc.

b) Ofrecer un ambiente seguro, saludable y rico en estímulos de modo que se favorezca el cuidado.

c) Ofrecer un ambiente seguro, saludable y rico en estímulos.

d) Ofrecer un ambiente rico en estímulos de modo que se favorezca el cuidado, desarrollo y educación.

3. Los materiales para la educación artística deben:

a) Canalizar sus sentimientos, intereses y actitudes.

b) Desarrollar su sentido de la estética.

c) Potenciar la creatividad y la imaginación.

d) Todas las respuestas son correctas.

4. ¿Cuál es la mejor forma para organizar la entrada de los niños al centro?

a) La entrada escalonada.

b) Todos a la vez.

c) La mitad de los niños en un horario y la otra mitad en otro.

d) Las respuestas a y b son correctas.

5. Podemos clasificar las actividades en base diferentes parámetros, son:

a) Según el momento en el que se ejecutan.

b) Según el agrupamiento con el que se realizan.

c) Según el aspecto del currículo y/o del aprendizaje que desarrollan.

d) Todas las respuestas son correctas.

Solución al simulacro n.º 3

1. b) Al establecido en el Estatuto.

2. d) Ninguna es correcta.

3. b) Una asamblea compuesta por los miembros de la Diputación u órgano interinsular de las provincias afectadas y por los diputados y senadores elegidos en ellas.

4. c) El Gobierno, previo requerimiento al Presidente de la Comunidad Autónoma y, en el caso de no ser atendido, con la aprobación por mayoría absoluta del Senado, podrá adoptar las medidas necesarias para obligar a aquella al cumplimiento forzoso de dichas obligaciones o para la protección del mencionado interés general.

5. a) En campo de azur, un cáliz de oro sumado de una hostia de plata, y acompañado de siete cruces recortadas del mismo metal, tres a cada lado y una en el centro del eje. El timbre corona real, cerrada, que es un círculo de oro, engastado de piedras preciosas, compuesto de ocho florones de hojas de acanto, visibles cinco, interpoladas de perlas, y de sus hojas salen sendas diademas sumadas de perlas, que convergen en un mundo de azur, con el semimeridiano y el ecuador de oro, sumado de cruz de oro. La corona, forrada de gules o rojo.

6. d) Santiago de Compostela.

7. c) A Coruña.

8. d) El Valedor do Pobo.

9. d) El Consejo de Estado.

10. c) Seis meses.

11. d) Todas las respuestas son correctas.

12. d) Ninguno.

13. d) Todas las respuestas anteriores son correctas.

14. a) 3 meses para los cuerpos, escalas o especialidades del grupo A.

15. d) Todas las respuestas anteriores son correctas.

16. b) Fijo, temporal o indefinido.

17. d) Algunos títulos, artículos y disposiciones tienen carácter de ley ordinaria.

18. a) Al tratamiento no automatizado de datos personales contenidos o destinados a ser incluidos en un fichero.

19. d) Principio de minimización de datos.

20. b) Discriminación sexista interseccional.

21. b) Corresponsabilidad.

22. a) El género.

23. c) Esta habrá de respetar la dignidad de las mujeres y su derecho a una imagen no estereotipada, ni discriminatoria, tanto si se exhibe en los medios de comunicación públicos como en los privados.

24. a) Consejo Interterritorial del Sistema Nacional de Salud.

25. c) Se les reconoce el derecho a la asistencia jurídica gratuita.

26. d) Todas las respuestas son correctas.

27. a) Mediación familiar.

28. b) Del Educador Infantil.

29. d) Todas las respuestas son correctas.

30. c) Las respuestas a y b son correctas.

31. d) Todas las anteriores son correctas.

32. b) De forma que responda a las necesidades e intereses educativos.

33. d) La adaptación del niño y la niña a la escuela ha de entenderse no solo como la adquisición de las rutinas establecidas, sino también como su integración social y afectiva (con sus compañeros, con el educador).

34. d) Individual.

35. a) Situación económica.

36. d) Todas las respuestas son correctas.

37. a) En el artículo 3.

38. d a) Contribuir al desarrollo integral y armónico del alumnado en todas sus dimensiones.

39. c) El segundo ciclo de esta etapa educativa será privado.

40. En el artículo 5.

41. b) Potenciarán la utilización del gallego en todos los órdenes de la vida pública, cultural e informativa, y, dispondrán los medios necesarios para facilitar su conocimiento.

42. d) En su lengua materna.

43. a) Todos los niveles educativos no universitarios.

44. a) La utilización vehicular de esta lengua en una parte significativa del currículo.

45. d) La autoridad educativa, al establecer nuevas titulaciones de enseñanza no obligatoria, deberá respetar el principio de capacidad entre mujeres y hombres.

46. c) Las medias en el ámbito laboral.

47. d) Ausencia de interacciones afectivas entre padres e hijos.

48. c) Extrafamiliar.

49. c) El maltrato disminuye con la edad, excepto el abuso sexual y ciertas formas de explotación, que incrementan.

50. b) Toda persona que advierta indicios de violencia debe comunicarlo inmediatamente a la autoridad competente.

51. a) Apoyar a menores próximos a la mayoría de edad hacia su autonomía.

52. c) Proveer atención residencial en un entorno normalizado con capacidad reducida.

53. b) En núcleos de población o lugares de fácil acceso y cerca de servicios esenciales.

54. b) Prestar atención socioeducativa especializada a menores con problemas de conducta o internados por resolución judicial.

55. b) Viviendas normalizadas para jóvenes que buscan alcanzar autonomía definitiva con supervisión técnica externa.

56. b) Está derogada actualmente.

57. a) Encontramos la primera aproximación al término necesidad específica de apoyo educativo.

58. a) Hace referencia a cualquier necesidad que un alumno presente a lo largo de su escolaridad, sea cual sea su origen, repercusión y consecuencias, duración o pronóstico.

59. a) Tanto por causas escolares, ambientales, familiares y personales de todo tipo.

60. c) Las Administraciones educativas.

61. c) Experimentos.

62. d) Como un equilibrio cada vez mayor entre la asimilación y la acomodación.

63. a) Egocentrismo.

64. d) El idioma.

65. a) La imitación y el deseo de aprender a hablar.

66. c) Riboflavina.

67. a) debe ser el alimento aconsejado y recomendado para el recién nacido y el lactante sano durante los 4-6 primeros meses de vida.

68. d) Todas las respuestas son correctas.

69. b) Preparados de continuación.

70. b) Todas las respuestas son correctas.

71. c) Hábitos relacionados con higiene y cuidado personal, vestido, alimentación, sueño y descanso y relación social.

72. b) Habilidades.

73. d) Todas las respuestas son correctas.

74. b) Habilidades de planificación.

75. c) Objetivos, Contenidos, Metodología, Actividades, Recursos, Temporalización y Evaluación.

76. d) Los hombres con más de un 25% de grasa corporal y las mujeres con más del 30%.

77. c) Coprofagia.

78. a) Onicofagia.

79. a) Balanitis.

80. c) Blefaritis.

81. b) La Teoría de la recapitulación de Granville Stanley Hall.

82. d) Karl Groos.

83. a) Según la Teoría de la relajación de Lazarus.

84. a) Granville Stanley Hall.

85. b) Claparède.

86. c) Aprobar junto con el consejo escolar el proyecto educativo y la programación general anual.

87. d) En EE.UU y Francia.

88. a) Para Bingham y Moore.

89. d) Todas las respuestas son correctas.

90. a) En la entrevista final.

PREGUNTAS DE RESERVA

1. a) El derecho de defensa y el derecho de audiencia de los interesados.

2. a) Ofrecer un ambiente seguro, saludable y rico en estímulos de modo que se favorezca el cuidado, desarrollo y educación, fomentando cualidades como el respeto, convivencia, cooperación, etc.

3. d) Todas las respuestas son correctas.

4. d) Las respuestas a y b son correctas.

5. d) Todas las respuestas son correctas.

1. El Estado tiene competencia exclusiva en:

a) Legislación sobre propiedad intelectual e industrial.
b) Los montes y aprovechamientos forestales.
c) Asistencia social.
d) Todas son correctas.

2. La iniciativa del proceso autonómico corresponde, según el artículo 143 de la CE:

a) A todos los municipios interesados.
b) A una tercera parte de los municipios cuya población represente, al menos, la mayoría absoluta del censo electoral de cada provincia.
c) Al órgano interinsular correspondiente.
d) A todos ellos.

3. El Estado y las Comunidades Autónomas, en el ejercicio de sus respectivas competencias:

a) No podrán delegar competencias en los municipios.
b) Pueden delegar el ejercicio de sus competencias cuando se lo autorice el gobierno.
c) Pueden delegar en los municipios el ejercicio de sus competencias, siempre que se trate de un municipio de gran población.
d) Podrán delegar en los municipios el ejercicio de sus competencias.

4. El municipio y la provincia:

a) Tienen personalidad jurídica y plena capacidad para el cumplimiento de sus fines.
b) No tienen personalidad jurídica, pero sí capacidad para el cumplimiento de sus fines.
c) Tienen personalidad jurídica y necesitan supervisión de la autorizada autonómica para el cumplimiento de sus fines.
d) Tienen la misma capacidad y personalidad jurídica plena.

5. Atendiendo al Estatuto de Autonomía de Galicia, la "Organización de sus instituciones de autogobierno" es:

a) Una competencia exclusiva del Estado.
b) Una competencia compartida del Estado y de la Comunidad Autónoma.
c) Una competencia exclusiva plena de la Comunidad Autónoma.
d) Una competencia exclusiva de segundo grado de la Comunidad Autónoma.

6. Atendiendo al Estatuto de Autonomía de Galicia, el "Fomento y planificación de la actividad económica de Galicia" es:

a) Una competencia exclusiva del Estado.
b) Una competencia compartida del Estado y de la Comunidad Autónoma.
c) Una competencia exclusiva plena de la Comunidad Autónoma.
d) Una competencia exclusiva de segundo grado de la Comunidad Autónoma.

7. Con carácter general, son aquellas en las que Galicia dispone de la totalidad de la materia, atribuyéndosele el conjunto de todas las funciones públicas de ordenación y ejecución sobre esa materia:

a) Competencias propias.
b) Competencias exclusivas plenas de la Comunidad Autónoma.
c) Competencias exclusivas de segundo grado de la Comunidad Autónoma.
d) Competencias compartidas.

8. Atendiendo al Estatuto de Autonomía de Galicia, la "Conservación, modificación y desarrollo de las instituciones del Derecho civil gallego" es:

a) Una competencia exclusiva del Estado.
b) Una competencia compartida del Estado y de la Comunidad Autónoma.
c) Una competencia exclusiva plena de la Comunidad Autónoma.
d) Una competencia exclusiva de segundo grado de la Comunidad Autónoma.

9. Toda notificación deberá ser cursada dentro del plazo de:

a) Veinte días a partir de la fecha en que el acto haya sido dictado.
b) Quince días a partir de la fecha en que el acto haya sido dictado.
c) Diez días a partir de la fecha en que el acto haya sido dictado.
d) Siete días a partir de la fecha en que el acto haya sido dictado.

10. Las notificaciones se practicarán preferentemente:

a) Por comparecencia del interesado o su representante en las oficinas de asistencia en materia de registro.
b) Por vía postal.

c) Por entrega directa de un empleado público de la Administración notificante en el domicilio del administrado.

d) Por medios electrónicos.

11. Cuando el interesado o su representante rechace la notificación de una actuación administrativa, se hará constar en el expediente, especificándose las circunstancias del intento de notificación y el medio:

a) Se repetirá por una sola vez y en una hora distinta dentro de los cinco días siguientes.

b) Se repetirá por una sola vez y en una hora distinta dentro de los tres días siguientes.

c) Se enviará un aviso al dispositivo electrónico y/o a la dirección de correo electrónico del interesado que este haya comunicado, informándole de la puesta a disposición de una notificación en la sede electrónica de la Administración u Organismo correspondiente o en la dirección electrónica habilitada única.

d) Dando por efectuado el trámite y siguiéndose el procedimiento.

12. Cuando la notificación se practique en el domicilio del interesado, de no hallarse presente este en el momento de entregarse la notificación, podrá hacerse cargo de la misma:

a) Cualquier persona que se encuentre en el domicilio, haga constar su identidad y sea familiar hasta el cuarto grado de afinidad o consanguineidad con el interesado.

b) Cualquier persona que se encuentre en el domicilio y haga constar su identidad.

c) Cualquier persona mayor de trece años que se encuentre en el domicilio y haga constar su identidad.

d) Cualquier persona mayor de catorce años que se encuentre en el domicilio y haga constar su identidad.

13. Los puestos de trabajo vacantes que puedan ser desempeñados por personal laboral y se consideren de provisión urgente e inaplazable pueden ser cubiertos mediante la contratación de:

a) Personal eventual.

b) Personal laboral temporal.

c) Personal laboral indefinido.

d) Personal mercantil temporal.

14. Se entiende por funciones de confianza o asesoramiento especial:

a) Asesoramiento vinculado al desempeño y planteamiento de estrategias y propuestas de actuación o difusión en el ámbito de las competencias de la autoridad que efectuó el nombramiento, o apoyo que suponga una colaboración de carácter reservado.

b) No estar reservadas a personal funcionario.

c) Especial dedicación y disponibilidad horaria.

d) Todas las respuestas anteriores son correctas.

15. Las actividades ordinarias de gestión o de carácter técnico:

a) Puede ser atribuidas al personal eventual.
b) Solo de forma excepcional, pueden ser atribuidas al personal eventual.
c) Siempre son funciones del personal laboral.
d) Nunca pueden ser atribuidas al personal eventual.

16. Cuando el personal funcionario de carrera acceda a puestos de trabajo de carácter eventual:

a) Podrá optar entre permanecer en la situación de servicio activo.
b) Podrá pasar a la situación de servicios especiales.
c) No puede darse esta situación.
d) Son correctas las respuestas a) y b).

17. En relación con el consentimiento, el Reglamento General de Protección de Datos dispone que:

a) El consentimiento puede deducirse del silencio o de la inacción de los ciudadanos.
b) Se permite el llamado consentimiento tácito.
c) No es admisible el consentimiento del interesado dado en el contexto de una declaración escrita que también se refiera a otros asuntos.
d) Quienes recopilen datos personales deben ser capaces de demostrar que el afectado les otorgó su consentimiento.

18. Conforme al artículo 3 de la LO 3/2018, las personas vinculadas al fallecido por razones familiares o de hecho así como sus herederos:

a) No podrán dirigirse al responsable o encargado del tratamiento para solicitar el acceso a los datos personales de aquella, si no es por vía judicial.
b) Solo podrán dirigirse al encargado del tratamiento, siempre que sea con objeto de rectificar datos manifiestamente falsos.
c) Podrán dirigirse al responsable o encargado del tratamiento siempre que sea con objeto de solicitar la supresión de los datos personales de aquella sin posibilidad de acceder a ellos.
d) Podrán dirigirse al responsable o encargado del tratamiento al objeto de solicitar el acceso a los datos personales de aquella y, en su caso, su rectificación o supresión.

19. Las Administraciones Públicas incorporarán a los temarios de las pruebas de acceso a los cuerpos superiores y a aquellos en que habitualmente se desempeñen funciones que impliquen el acceso a datos personales materias relacionadas con la garantía de los derechos digitales y en particular:

a) El de protección de datos.
b) El de libertad de expresión.

c) El de protección de los menores.
d) El de seguridad de las comunicaciones.

20. La ley establece de forma específica el fomento de la igualdad de oportunidades en la política económica, laboral y social, a través de:

a) La supresión de la brecha salarial y de las diferencias retributivas por razón de sexo.
b) La eliminación de la segregación horizontal y vertical.
c) El fomento del empleo femenino por cuenta propia o ajena.
d) Todas las respuestas anteriores son correctas.

21. Las proposiciones de ley presentadas en el Parlamento de Galicia deberán remitirse, antes de su discusión parlamentaria, a la Xunta de Galicia, para que esta emita el informe de impacto de género elaborado por el órgano competente en materia de igualdad entre mujeres y hombres. La proposición de ley seguirá su tramitación:

a) Si el informe no fuera emitido en el plazo de quince días.
b) Si el informe no fuera emitido en el plazo de veinte días.
c) Si el informe no fuera emitido en el plazo de un mes.
d) Si el informe no fuera emitido en el plazo de dos meses.

22. En el empleo público se establecen:

a) Un nivel de conocimiento en materia de igualdad de género y de prevención y lucha contra la violencia de género.
b) Dos niveles de conocimiento en materia de igualdad de género y de prevención y lucha contra la violencia de género.
c) Tres niveles de conocimiento en materia de igualdad de género y de prevención y lucha contra la violencia de género.
d) Cuatro niveles de conocimiento en materia de igualdad de género y de prevención y lucha contra la violencia de género.

23. Se establecen, asimismo, medidas de protección en el ámbito social, para justificar las ausencias del puesto de trabajo de las víctimas de la violencia de género, así como:

a) Posibilitar su movilidad geográfica.
b) Posibilitar la suspensión con reserva del puesto de trabajo.
c) Posibilitar la extinción del contrato.
d) Todas las respuestas anteriores son correctas.

24. Es un órgano colegiado en el Ministerio competente en materia de igualdad, y que tendrá como principales funciones servir como centro de análisis de la situación y evolución de la violencia sobre la mujer, así como asesorar y colaborar con el Delegado en la elaboración de propuestas y medidas para erradicar este tipo de violencia:

a) El Observatorio Estatal de Violencia sobre la Mujer.
b) El Observatorio Autonómico de Violencia sobre la Mujer.
c) La Cátedra de Violencia sobre la Mujer.
d) El Observatorio de la Mujer.

25. En relación con los casos de violencia de género:

a) Los conocen los Juzgados de Primera instancia.
b) Los conocen los Juzgados de Violencia sobre la Mujer.
c) Los conoce directamente la Audiencia Provincial.
d) Los conoce directamente la Audiencia Nacional.

26. ¿Qué es la función motivadora por el educador?

a) Es el impulso que mueve al educando para su propia educación.
b) Es dar anticipadamente los resultados o productos educativos deseados.
c) Es una tarea previa a la realización de un trabajo que pretende incrementar la eficacia del mismo.
d) Ninguna de las anteriores es correcta.

27. La función del educador será canalizar las informaciones que el alumno recibe y hacer que las integre, así como hacer ver al niño con espíritu crítico, esa función, se denomina:

a) Función informadora.
b) Función motivadora.
c) Función organizadora.
d) Función programadora.

28. El educador pasa a ser el organizador de las actividades, por lo que:

a) Deja de ser el referente para el niño.
b) Deja de ser el referente en el entorno del niño
c) Deja de ser el transmisor de conocimientos.
d) Las respuestas a y b son correctas.

29. ¿Qué persigue la enseñanza tradicional?

a) La organización escolar eficaz.
b) La homogeneidad de los grupos.
c) Las respuestas a y b son correctas.
d) Ninguna de las respuestas son correctas.

30. Los espacios:

a) No condicionan el tipo de actividad, los agrupamientos, la autonomía ni su repercusión sobre el estado de ánimo.

b) Cumplirán la legislación, serán atractivos, decorados y naturalmente seguros e higiénicos.

c) Deben ser los estipulados según la legislación vigente.

d) Deben limitarse a los asignados para cada docente.

31. Los tiempos en Educación Infantil se caracterizan:

a) Por su flexibilidad y por organizarse en torno a rutinas que satisfacen las necesidades infantiles y convierten el entorno en algo seguro y previsible para el pequeño, contribuyendo a la formación de hábitos.

b) Por ser limitados y sin poder adaptarlos a las necesidades.

c) Las respuestas a y b son correctas.

d) Ninguna de las anteriores es correcta.

32. Los materiales y equipamientos:

a) Deben ser universales en todos los centros educativos.

b) Deben ser estimulantes y variados.

c) Deben estar consensuados entre los educadores y los padres.

d) Deben traerlos de sus domicilios.

33. El ingreso en un centro de Educación Infantil supone:

a) Continuar con los mismos hábitos.

b) Preparación del material para el inicio del mismo.

c) Buscar el rol de superioridad para poder entablar relaciones sociales.

d) Comenzar el proceso de socialización.

34. ¿Qué necesitan los niños para tener una buena adaptación?

a) Relaciones emocionales.

b) Un apoyo que le de seguridad y protección.

c) Disciplina.

d) La presencia constante de los padres.

35. En un proceso de adaptación, ¿cuáles son los tipos de reacciones que nos podemos encontrar?

a) El Rabietas.

b) Angustia.

c) Miedo.

d) Todas las respuestas son correctas.

36. ¿En qué etapa el bebé intenta mostrar una conducta social agradable?

a) Entre los 6 y 9 meses.
b) Entre los 9 y 18 meses.
c) En los primeros 6 meses.
d) A partir de un año.

37. El artículo 6 del Decreto 150/2022, de 8 de septiembre, por el que se establece la ordenación y el currículo de la educación infantil en la Comunidad Autónoma de Galicia establece que:

a) El conjunto de objetivos, métodos pedagógicos y criterios de evaluación de la educación infantil constituye el currículo de esta etapa.
b) El conjunto de objetivos, competencias, contenidos, métodos pedagógicos y criterios de evaluación de la educación infantil constituye el currículo de esta etapa.
c) El conjunto de competencias, contenidos, métodos pedagógicos y criterios de evaluación de la educación infantil constituye el currículo de esta etapa.
d) El conjunto de objetivos, competencias, contenidos y criterios de evaluación de la educación infantil constituye el currículo de esta etapa.

38. ¿En qué normativa se refiere a las áreas de la educación infantil?

a) El artículo 9 del Decreto 150/2022, de 8 de septiembre.
b) El artículo 5 del Decreto 95/2022, de 1 de febrero.
c) El artículo 3 de la Ley Orgánica 3/2020, de 29 de diciembre.
d) Ninguna de las respuestas es correcta.

39. Las áreas de la educación infantil son:

a) Comunicación y Representación de la Realidad.
b) Crecimiento en Armonía.
c) Descubrimiento y Exploración del Entorno.
d) Todas las respuestas son correctas.

40. La competencia clave de la etapa de educación infantil:

a) Son todas aquellas relacionadas con la adaptación al niño en el medio escolar.
b) Supone el inicio del proceso de desarrollo de las habilidades y destrezas necesarias para la adquisición de las competencias clave para el aprendizaje permanente.
c) Consiste en promover las normas sociales.
d) Ninguna de las respuestas son correctas.

41. La norma que regula el uso y la promoción del gallego en el sistema educativo es:

a) El Decreto 247/1995, de 14 de septiembre.
b) La Ley 3/1983, de 15 de junio.

c) La Ley 2/2006, de 3 de mayo.
d) El Decreto 124/2007, de 28 de junio.

42. La Administración Educativa de Galicia, los centros de enseñanza dependientes de ella y el personal a su servicio utilizarán, con carácter general:

a) El gallego y el castellano.
b) La lengua gallega.
c) El castellano.
d) La lengua del interesado.

43. Señala la respuesta correcta. Para garantizar que todo el personal de los centros educativos de Galicia y de los servicios de apoyo cuyo personal dependa de la consellería tenga un conocimiento de los aspectos sociolingüísticos del idioma y una competencia oral y escrita suficiente para comunicarse y para desarrollar su actividad profesional en gallego:

a) Se desarrollará un plan de formación.
b) Se seleccionará únicamente al personal que supere un plan de formación.
c) Se asignará un número de horas al personal para el uso de la lengua gallega.
d) Se presentarán y redactarán todos las actas, comunicados y anuncios en gallego y castellano.

44. El gallego será utilizado en determinadas circunstancias o casos, salvo en:

a) Los documentos administrativos de la consellería competente en materia de educación y de los centros de enseñanza dependientes de ella.
b) Las actuaciones administrativas de régimen interno de los centros docentes, como actas, comunicados y anuncios.
c) Las comunicaciones con otras comunidades autónomas y con los órganos de la administración del Estado radicado fuera de la comunidad autónoma.
d) Los procedimientos de oficio y aquellos tramitados a petición de los interesados.

45. ¿Qué tipo de documento incluirá apartados específicos destinados a potenciar modificaciones en los modelos masculino y femenino, así como una orientación de estudios y profesiones basada en las aptitudes y capacidades de las personas y no en estereotipos sexistas?

a) Los planes de acción tutorial.
b) Los currículos, en todos los niveles educativos.
c) Los registros de planes de actuación.
d) Los proyectos educativos.

46. ¿Qué organismo es el que elaborará un informe anual sobre la situación de la coeducación y prevención de la violencia de género en los centros educativos de Galicia?

a) El Consejo Escolar de cada centro.
b) El Consejo Escolar de Galicia.
c) Los servicios de inspección educativa.
d) La consellería con competencias en materia de educación.

47. ¿Cuál de las siguientes situaciones previas al nacimiento aumenta el riesgo de maltrato infantil?

a) Embarazos no deseados o resultado de situaciones de crisis personal o social no resueltas pueden aumentar el riesgo de maltrato tras el nacimiento.
b) La planificación familiar y el acceso a servicios de salud reproductiva reducen significativamente las probabilidades de maltrato infantil.
c) Los embarazos que ocurren en contextos de estabilidad emocional y apoyo familiar están asociados con un menor riesgo de maltrato.
d) Los embarazos en parejas casadas y en relaciones estables casi eliminan el riesgo de maltrato hacia el niño.

48. ¿Qué mecanismos deben establecer las administraciones públicas según la Ley Orgánica 8/2021 para la comunicación de sospechas de casos de violencia hacia menores?

a) Líneas telefónicas gratuitas para la comunicación del maltrato, exclusivamente.
b) Mecanismos adecuados para la comunicación de sospecha de casos.
c) Solo mediante denuncias escritas y formales.
d) Comunicaciones exclusivamente a través de redes sociales o aplicaciones web.

49. ¿Qué deben garantizar las administraciones públicas según la Ley Orgánica 8/2021 para prevenir la radicalización en niños, niñas y adolescentes?

a) Medidas de sensibilización, prevención y detección precoz.
b) Cursos obligatorios de ética y moralidad desde la educación primaria.
c) Programas exclusivos de intervención policial en zonas de alto riesgo.
d) Vigilancia intensiva en internet y redes sociales.

50. ¿Qué principios deben regir el sistema educativo según la Ley Orgánica 8/2021 para prevenir la violencia contra menores?

a) Respeto mutuo y fomento de una educación accesible, igualitaria, inclusiva y de calidad.
b) Enfoque exclusivo en la mejora del rendimiento académico.
c) Segregación por género para evitar conflictos.
d) Priorización de deportes y actividades físicas como método de disciplina.

51. ¿Qué requisito es específico para los talleres formativos en centros de menores?

a) Una biblioteca con una colección de títulos básicos conforme a la edad de los residentes.

b) Tener talleres adecuados a las especialidades impartidas, con las herramientas y maquinarias necesarias.

c) Campos deportivos para al menos cinco deportes diferentes.

d) Laboratorios de ciencias equipados con tecnología de punta.

52. De los siguientes, ¿qué requisito de personal se aplica a los centros de atención específica?

a) Un educador por cada cinco menores durante las actividades diurnas.

b) Un profesional de nutrición y dietética para preparar comidas nutricionalmente balanceadas.

c) Un educador por cada cuatro menores durante las actividades diurnas.

d) Un agente de seguridad por cada diez menores para garantizar la seguridad.

53. ¿Qué prestaciones adicionales se ofertan en las viviendas tuteladas?

a) Programas intensivos de rehabilitación física y cognitiva.

b) Apoyo a la integración socio-laboral y supervisión técnica del desarrollo de autonomía.

c) Terapia ocupacional

d) Programas de intercambio formativos, culturales y sociales.

54. ¿Qué consideraciones se deben tener en cuenta para la ubicación de los centros de atención a la infancia?

a) Estar cerca de zonas cercanas a las grandes vías de comunicación para facilitar el acceso de padres, tutores o visitantes.

b) Estar ubicados en núcleos urbanos densamente poblados sin considerar el entorno.

c) Estar apartados de actividades consideradas molestas, insalubres, nocivas y peligrosas.

d) Ubicarse exclusivamente en zonas rurales para promover el desarrollo de la comunidad.

55. ¿Cuál es el mínimo de la altura libre de espacios interiores y de circulación en los centros de atención a la infancia?

a) 3 metros para garantizar una buena iluminación.

b) 2,5 metros para cumplir con los requisitos mínimos.

c) 2 metros, priorizando la optimización del espacio.

d) 1,8 metros, para mantener la calidez del ambiente.

56. Según la LOE (con sus modificaciones LOMLOE) ¿a qué organismos les corresponde asegurar los recursos necesarios para que sus alumnos y alumnas que requieran una atención educativa diferente a la ordinaria, por presentar necesidades educativas especiales?

a) Las Administraciones de Hacienda.
b) Las Administraciones educativas.
c) Las Administraciones Locales.
d) Las Administraciones de sanidad y sociales.

57. ¿Cuándo, según lo recogido en la LOE (con sus modificaciones LOMLOE) se iniciará la atención integral al alumnado con necesidad específica de apoyo educativo?

a) Desde el mismo momento en que dicha necesidad sea identificada.
b) Al mes siguiente de su detección.
c) En la semana siguiente a su detección.
d) En el siguiente curso académico.

58. Los criterios para determinar las dotaciones a los centros de los recursos necesarios para atender adecuadamente a este alumnado (con necesidades específicas) serán:

a) Los mismos para los centros públicos y privados concertados.
b) Solo aplicables a centros públicos.
c) Solo aplicables a centros privados.
d) Sólo aplicables a centros concertados.

59. Aquel alumnado que afronta barreras que limitan su acceso, presencia, participación o aprendizaje, derivadas de discapacidad o de trastornos graves de conducta, de la comunicación y del lenguaje, por un periodo de su escolarización o a lo largo de toda ella, y que requiere determinados apoyos y atenciones educativas específicas para la consecución de los objetivos de aprendizaje adecuados a su desarrollo se denomina:

a) Alumnado que presenta necesidades educativas especiales.
b) Alumnado que presenta necesidades educativas.
c) Alumnado que presenta necesidades especiales.
d) Alumnado que presenta problemas educativos específicos.

60. ¿A partir de cuándo las administraciones educativas dotarán a los alumnos con necesidades educativas especiales del apoyo que precisan?

a) Solo desde el momento de su escolarización.
b) Desde el momento de su escolarización o de la detección de su necesidad.
c) Solo desde la detección de su necesidad.
d) Solo cuando haya dotación presupuestaria para contratar profesores de apoyo.

61. Bruner (1986) estudió la relación entre determinados juegos y la adquisición del lenguaje. El autor empleó un nombre para describir las interacciones triangulares que se dan entre el niño, el adulto y los objetos. Dicho nombre fue:

a) Formato.
b) Tipo.
c) Clase.
d) Dimensión.

62. Durante el tercer y cuarto año el lenguaje de los niños experimenta un crecimiento vertiginoso. Una de las consecuencias de la sistematicidad gramatical es el fenómeno de las:

a) Sobrestimulaciones.
b) Sobreoperaciones.
c) Sobremisiones.
d) Sobregeneralizaciones.

63. Según Chomsky las palabras que aparecen muy frecuentemente en las combinaciones y siempre ocupan una posición fija, no pueden combinarse entre sí y no pueden emitirse solas se denominan:

a) Palabras abiertas.
b) Palabras pívot.
c) Palabras cerradas.
d) Palabras semiabiertas

64. La vida afectiva cumple tres funciones básicas importantes. ¿A qué función hace referencia la afirmación de que la afectividad le brinda al ser humano la motivación, la fuerza, el impulso, la energía para la puesta en marcha de la afectividad?

a) Función energética.
b) Función de signo.
c) Función de valoración de las situaciones.
d) Función constitucional.

65. ¿A qué estadio de los descritos por Erik Erikson en su teoría del desarrollo psicosocial se corresponde la siguiente descripción: "La relación con la madre determinará los futuros vínculos que se establecerán con las personas a lo largo de su vida? Es la sensación de confianza, vulnerabilidad, frustración, satisfacción, seguridad… ¿la que puede determinar la calidad de las relaciones" ?

a) Autonomía *vs* Vergüenza y duda.
b) Iniciativa *vs* Culpa.
c) Confianza *vs* Desconfianza.
d) Laboriosidad *vs* Inferioridad.

66. ¿Con qué edad puede el niño/a tomar leche de vaca?

a) A partir de los 4 meses.
b) A partir de los 6 meses.
c) A partir de los 12 meses.
d) A partir de los 18 meses.

67. ¿Qué kcal/día se recomienda en una dieta equilibrada para un niño/a de 1 a 3 años?

a) De 900 a 1.200 kcal/día.
b) De 1.000 a 1.200 kcal/día.
c) De 1.300 a 1.400 kcal/día.
d) De 1.400 a 1.600 kcal/día.

68. Básicamente, y de modo orientativo, una buena merienda debe incluir:

a) Cereales, productos lácteos, una pieza de fruta o zumo natural y agua.
b) Cereales, productos lácteos, una pieza de fruta o zumo natural.
c) Productos lácteos, una pieza de fruta o zumo natural y agua.
d) Cereales, productos lácteos y agua.

69. La regurgitación repetida de comida, con pérdida de peso o falta de aumento adecuado en el niño se denomina:

a) Anorexia simple.
b) Pica.
c) Rumiación.
d) Anorexia mental grave.

70. ¿Qué situaciones de riesgo hay que tener en cuenta con un niño/a con alergias o intolerancias alimentarias?

a) Durante toda la jornada escolar y en actividades extraescolares.
b) En la celebración de fiestas y campañas de vacunación.
c) Sólo en los horarios de comidas escolares y en el recreo.
d) Las respuestas a) y b) son correctas.

71. Las técnicas que vamos a utilizar para el desarrollo de los hábitos se denominan:

a) Objetivos.
b) Contenidos.
c) Actividades.
d) Metodología.

72. ¿En qué fase del aprendizaje de un hábito tendremos que analizar las habilidades del niño, sus posibilidades y la adecuación al entorno?

a) En la Fase de preparación.
b) En la fase de aprendizaje.
c) En la Fase de automatización.
d) En la Fase de consolidación.

73. ¿En qué fase del aprendizaje de un hábito se utilizará la práctica repetitiva, para que el niño entienda el proceso y, por lo tanto, la acción?

a) En la Fase de preparación.
b) En la fase de aprendizaje.
c) En la Fase de automatización.
d) En la Fase de consolidación.

74. ¿En qué fase del aprendizaje de un hábito es recomendable plantear la actividad como un juego, realizando actividades cortas y repetitivas que no fatiguen al niño y que no supongan la retirada de una actividad placentera para el niño?

a) En la Fase de preparación.
b) En la fase de aprendizaje.
c) En la Fase de automatización.
d) En la Fase de consolidación.

75. La mejora de las habilidades manipulativas finas repercute en otros aspectos del desarrollo como son:

a) La socialización.
b) La comunicación.
c) La adquisición de aprendizajes.
d) No repercute en otros aspectos del desarrollo.

76. El escorbuto supone un déficit de:

a) Vitamina C.
b) B12.
c) Ácido fólico.
d) B1.

77. Cómo se denomina la anorexia que aparece al suprimirse la leche y puede ser inerte (no coopera, ni siquiera ingiere o vomita) o por oposición (reacciona ante la comida con chillidos, agitación, vómitos, escupiendo, etc.):

a) Anorexia de la segunda infancia.
b) Anorexia del segundo semestre.

c) Anorexia del adolescente.
d) Anorexia esencial precoz.

78. Cómo se denomina la llamada "neurosis de la sed" que se traduce en la imperiosa necesidad de ingerir líquido, sin patologías orgánicas de base:

a) Anorexia.
b) Bulimia.
c) Avitaminosis.
d) Potomanía.

79. El raquitismo se produce por un déficit de:

a) Vitamina B2.
b) Vitamina D.
c) PP.
d) Vitamina B1.

80. Señala la respuesta correcta respecto a la bulimia:

a) Aparece más en los hombres que en las mujeres.
b) Es una enfermedad que debuta en la infancia.
c) Es una enfermedad de causas diversas (psicológicas y somáticas), que produce desarreglos en la ingesta de alimentos con periodos de compulsión para comer con otros de dietas abusivas, asociado a vómitos y la ingesta de diversos medicamentos (laxantes y diuréticos).
d) Es una enfermedad que dura `poco tiempo.

81. En qué estadio según Piaget se desarrolla el juego de ejercicio o funcional, un tipo de juego ligado a los sentidos y a la acción:

a) En el estadio sensoriomotor.
b) En el estadio preoperacional.
c) En el estadio de las operaciones concretas.
d) En el estadio de las operaciones formales.

82. Según qué autor o autores existe una relación entre el tipo de valores predominantes en una determinada cultura y la clase de juegos:

a) Claparède.
b) Sigmund Freud.
c) Sutton-Smith y Robert.
d) Vygotsky y Elkonin.

83. Qué estadio según Piaget se caracteriza por la presencia de un juego simbólico, en el que se simulan situaciones y personajes reales o imaginarios:

a) En el estadio sensoriomotor.
b) En el estadio preoperacional.
c) En el estadio de las operaciones concretas.
d) En el estadio de las operaciones formales.

84. Para qué autor el juego es una actividad social, en la cual, gracias a la cooperación con otros niños, se logran adquirir papeles o roles que son complementarios al propio:

a) Para Granville Stanley Hall.
b) Para Vygotsky.
c) Para Buytendijk.
d) Para Piaget.

85. Qué tipo de juego según la teoría de Piaget es propio desde el nacimiento a los dos años de edad:

a) El juego sensoriomotor, de ejercicio o funcional.
b) El juego instintivo o de defensa.
c) El juego de regla.
d) El juego simbólico.

86. Cuántos concejales o representantes del Ayuntamiento en cuyo término municipal se halle radicado el centro forman parte del Consejo Escolar:

a) Uno.
b) Dos.
c) Tres.
d) Ninguno.

87. Quién preside el Consejo Escolar:

a) El jefe de estudios.
b) El director del centro.
c) El secretario del centro.
d) El profesor con mayor antigüedad en el centro.

88. Qué artículo del Real Decreto 82/1996, de 26 de enero, por el que se aprueba el Reglamento Orgánico de las Escuelas de Educación Infantil y de los Colegios de Educación Primaria, recoge las funciones de los maestros tutores:

a) El artículo 45.
b) El artículo 46.

c) El artículo 48.
d) El artículo 50.

89. Señala la respuesta incorrecta respecto a la formación del Consejo Escolar:

a) Forman parte del Consejo Escolar un número de profesores y profesoras que no podrá ser inferior a un tercio del total de los componentes del Consejo, elegidos por el Claustro y en representación del mismo.

b) Forma parte del Consejo Escolar el secretario del centro, que actuará como secretario del Consejo, con voz y voto.

c) El jefe de estudios forma parte del Consejo Escolar.

d) Forman parte del Consejo Escolar un número de padres y de alumnos, elegidos respectivamente por y entre ellos, que no podrá ser inferior a un tercio del total de los componentes del Consejo.

90. Quién designa en cada centro educativo a una persona que impulse medidas educativas que fomenten la igualdad real y efectiva entre hombres y mujeres:

a) El Consejo Escolar del centro.
b) El director del centro.
c) El jefe de estudios.
d) El secretario del centro.

PREGUNTAS DE RESERVA

1. Serán objeto de especial tratamiento las situaciones de discriminación múltiple o interseccional al considerar que la confluencia de dos o más factores de discriminación tiene un efecto exponencial en la situación de desigualdad, tales como:

a) A causa del sexo y la edad mayor.
b) Debido al sexo, la edad mayor y otros factores de discriminación.
c) Cualesquiera causas de discriminación.
d) Son correctas las respuestas a) y b).

2. En las responsabilidades éticas con las familias:

a) Es importante la participación para evitar la discriminación a los niños.
b) Es fundamental la colaboración y comunicación.
c) Se establece y mantiene un ambiente amistoso y cooperativo donde se fomenten el respeto, las relaciones positivas y la satisfacción profesional.
d) Ninguna de las respuestas es correcta.

3. La organización del tiempo debe ser:

a) Rígida.
b) Planificada.
c) Dirigida.
d) Programada.

4. Durante el periodo de adaptación lo más importante es que el niño se sienta:

a) Seguro.
b) Confiado.
c) Querido.
d) Todas las respuestas son correctas.

5. ¿Qué es la Programación, en el contexto pedagógico?

a) Es el conjunto de acciones mediante las cuales se transforman las intenciones educativas más generales en propuestas didácticas concretas que permitan alcanzar los objetivos previstos.
b) Consiste en el conjunto de unidades en las que se concretan todos los elementos del currículo. Refleja las decisiones que se han tomado con relación a los elementos de la Propuesta Pedagógica.
c) Las respuestas a y b son correctas.
d) Ninguna de las respuestas es correcta.

Solución al simulacro n.º 4

1. a) Legislación sobre propiedad intelectual e industrial.

2. c) Al órgano interinsular correspondiente.

3. d) Podrán delegar en los municipios el ejercicio de sus competencias.

4. a) Tienen personalidad jurídica y plena capacidad para el cumplimiento de sus fines.

5. c) Una competencia exclusiva plena de la Comunidad Autónoma.

6. d) Una competencia exclusiva de segundo grado de la Comunidad Autónoma.

7. b) Competencias exclusivas plenas de la Comunidad Autónoma.

8. c) Una competencia exclusiva plena de la Comunidad Autónoma.

9. c) Diez días a partir de la fecha en que el acto haya sido dictado.

10. d) Por medios electrónicos.

11. d) Dando por efectuado el trámite y siguiéndose el procedimiento.

12. d) Cualquier persona mayor de catorce años que se encuentre en el domicilio y haga constar su identidad.

13. b) Personal laboral temporal.

14. d) Todas las respuestas anteriores son correctas.

15. d) Nunca pueden ser atribuidas al personal eventual.

16. d) Son correctas las respuestas a) y b).

17. d) Quienes recopilen datos personales deben ser capaces de demostrar que el afectado les otorgó su consentimiento.

18. d) Podrán dirigirse al responsable o encargado del tratamiento al objeto de solicitar el acceso a los datos personales de aquella y, en su caso, su rectificación o supresión.

19. a) El de protección de datos.

20. d) Todas las respuestas anteriores son correctas.

21. c) Si el informe no fuera emitido en el plazo de un mes.

22. c) Tres niveles de conocimiento en materia de igualdad de género y de prevención y lucha contra la violencia de género.

23. d) Todas las respuestas anteriores son correctas.

24. a) El Observatorio Estatal de Violencia sobre la Mujer.

25. b) Los conocen los Juzgados de Violencia sobre la Mujer.

26. a) Es el impulso que mueve al educando para su propia educación.

27. a) Función informadora.

28. c) Deja de ser el transmisor de conocimientos.

29. c) Las respuestas a y b son correctas.

30. b) Cumplirán la legislación, serán atractivos, decorados y naturalmente seguros e higiénicos.

31. a) Por su flexibilidad y por organizarse en torno a rutinas que satisfacen las necesidades infantiles y convierten el entorno en algo seguro y previsible para el pequeño, contribuyendo a la formación de hábitos.

32. b) Deben ser estimulantes y variados.

33. d) Comenzar el proceso de socialización.

34. b) Un apoyo que le de seguridad y protección.

35. d) Todas las respuestas son correctas.

36. c) En los primeros 6 meses.

37. b) El conjunto de objetivos, competencias, contenidos, métodos pedagógicos y criterios de evaluación de la educación infantil constituye el currículo de esta etapa.

38. a) El artículo 9 del Decreto 150/2022, de 8 de septiembre.

39. d) Todas las respuestas son correctas.

40. b) Supone el inicio del proceso de desarrollo de las habilidades y destrezas necesarias para la adquisición de las competencias clave para el aprendizaje permanente.

41. d) El Decreto 124/2007, de 28 de junio.

42. b) La lengua gallega.

43. a) Se desarrollará un plan de formación.

44. c) Las comunicaciones con otras comunidades autónomas y con los órganos de la administración del Estado radicado fuera de la comunidad autónoma.

45. a) Los planes de acción tutorial.

46. b) El Consejo Escolar de Galicia.

47. a) Embarazos no deseados o resultado de situaciones de crisis personal o social no resueltas pueden aumentar el riesgo de maltrato tras el nacimiento.

48. b) Mecanismos adecuados para la comunicación de sospecha de casos.

49. a) Medidas de sensibilización, prevención y detección precoz.

50. a) Respeto mutuo y fomento de una educación accesible, igualitaria, inclusiva y de calidad.

51. b) Tener talleres adecuados a las especialidades impartidas, con las herramientas y maquinarias necesarias.

52. c) Un educador por cada cuatro menores durante las actividades diurnas.

53. b) Apoyo a la integración socio-laboral y supervisión técnica del desarrollo de autonomía.

54. c) Estar apartados de actividades consideradas molestas, insalubres, nocivas y peligrosas.

55. b) 2,5 metros para cumplir con los requisitos mínimos.

56. b) Las Administraciones educativas.

57. a) Desde el mismo momento en que dicha necesidad sea identificada.

58. a) Los mismos para los centros públicos y privados concertados.

59. a) Alumnado que presenta necesidades educativas especiales.

60. b) Desde el momento de su escolarización o de la detección de su necesidad.

61. a) Formato.

62. d) Sobregeneralizaciones.

63. b) Palabras pívot.

64. a) Función energética.

65. c) Confianza vs Desconfianza.

66. c) A partir de los 12 meses

67. c) De 1.300 a 1.400 kcal/día

68. a) Cereales, productos lácteos, una pieza de fruta o zumo natural y agua

69. c) Rumiación

70. d) Las respuestas a) y b) son correctas.

71. d) Metodología

72. a) En la Fase de preparación

73. b) En la fase de aprendizaje

74. b) En la fase de aprendizaje

75. c) La adquisición de aprendizajes

76. a) Vitamina C.

77. b) Anorexia del segundo semestre.

78. d) Potomanía.

79. b) Vitamina D.

80. c) Es una enfermedad de causas diversas (psicológicas y somáticas), que produce desarreglos en la ingesta de alimentos con periodos de compulsión para comer con otros de dietas abusivas, asociado a vómitos y la ingesta de diversos medicamentos (laxantes y diuréticos).

81. a) En el estadio sensoriomotor.

82. c) Sutton-Smith y Robert.

83. b) En el estadio preoperacional.

84. b) Para Vygotsky.

85. a) El juego sensoriomotor, de ejercicio o funcional.

86. a) Uno.

87. b) El director del centro.

88. b) El artículo 46.

89. b) Forma parte del Consejo Escolar el secretario del centro, que actuará como secretario del Consejo, con voz y voto.

90. a) El Consejo Escolar del centro.

PREGUNTAS DE RESERVA

1. d) Son correctas las respuestas a) y b).

2. b) Es fundamental la colaboración y comunicación.

3. b) Planificada.

4. d) Todas las respuestas son correctas.

5. c) Las respuestas a y b son correctas.

1. El plazo de cumplimiento de requisitos del proceso de iniciativa en el artículo 143 de la CE:

a) Siempre será de seis meses.
b) Puede ser inferior a seis meses.
c) El plazo de exposición mínimo, es de seis meses.
d) No se establece ningún plazo.

2. De acuerdo con el principio de supletoriedad previsto en el artículo 149.3 de la CE, el derecho estatal será:

a) Nunca supletorio del derecho de las Comunidades Autónomas.
b) En todo caso, supletorio del derecho de las Comunidades Autónomas.
c) Supletorio del derecho de las Comunidades Autónomas, pero únicamente en lo que no esté atribuido a la exclusiva competencia de estas.
d) Ninguna es correcta.

3. Según el artículo 142 de la CE, las Haciendas Locales se nutrirán:

a) Exclusivamente de tributos propios y de participación en los del Estado.
b) Fundamentalmente de tributos propios y de participación en los del Estado y de las Comunidades Autónomas.
c) Exclusivamente de tributos propios y de participación en los del Estado y de las Comunidades Autónomas.
d) Excepcionalmente de tributos propios y de participación en los del Estado y de las Comunidades Autónomas.

4. Atendiendo al Estatuto de Autonomía de Galicia, "La promoción y la ordenación del turismo dentro de la Comunidad" es:

a) Una competencia exclusiva del Estado.
b) Una competencia compartida del Estado y de la Comunidad Autónoma.
c) Una competencia exclusiva plena de la Comunidad Autónoma.
d) Una competencia exclusiva de segundo grado de la Comunidad Autónoma.

5. Son aquellas en las que la potestad legislativa de la Comunidad Autónoma so-bre tales materias se ejerce de acuerdo con las bases y la ordenación de la actuación económica general y la política monetaria del Estado:

a) Competencias propias.
b) Competencias exclusivas plenas de la Comunidad Autónoma.
c) Competencias exclusivas de segundo grado de la Comunidad Autónoma.
d) Competencias compartidas.

6. Todas aquellas en las que, en relación con una determinada materia pueden ejercitarse simultánea, pero separadamente, funciones propias por cada ente, en virtud del reparto constitucional de títulos competenciales:

a) Competencias propias.
b) Competencias exclusivas plenas de la Comunidad Autónoma.
c) Competencias exclusivas de segundo grado de la Comunidad Autónoma.
d) Competencias compartidas.

7. En caso de que el primer intento de notificación se haya realizado antes de las quince horas, el segundo intento deberá realizarse después de las quince horas y viceversa, dejando en todo caso al menos un margen de diferencia de:

a) Veinticuatro horas entre ambos intentos de notificación.
b) Doce horas entre ambos intentos de notificación.
c) Seis horas entre ambos intentos de notificación.
d) Tres horas entre ambos intentos de notificación.

8. Señala la respuesta incorrecta respecto a las condiciones generales para la práctica de las notificaciones:

a) Cuando el interesado fuera notificado por distintos cauces, se tomará como fecha de notificación la de aquella que se hubiera producido en último lugar.
b) En los procedimientos iniciados de oficio, a los solos efectos de su iniciación, las Administraciones Públicas podrán recabar, mediante consulta a las bases de datos del Instituto Nacional de Estadística, los datos sobre el domicilio del interesado recogidos en el Padrón Municipal.e
c) En los procedimientos iniciados a solicitud del interesado, la notificación se practi-cará por el medio señalado al efecto por aquel.
d) En ningún caso se efectuarán por medios electrónicos las notificaciones que con-tengan medios de pago a favor de los obligados.

9. Con respecto a la práctica de las notificaciones en papel, si nadie se hiciera cargo de la notificación, se hará constar esta circunstancia en el expediente, junto con el día y la hora en que se intentó la notificación, intento que se repetirá:

a) Las veces que fueren necesarias hasta su efectiva notificación.
b) Por una sola vez y en una hora distinta dentro de los dos días siguientes.

c) Por una sola vez y en una hora distinta dentro de los tres días siguientes.
d) Por una sola vez y en una hora distinta dentro de los cinco días siguientes.

10. Cuando la notificación por medios electrónicos sea de carácter obligatorio, o haya sido expresamente elegida por el interesado, se entenderá rechazada cuando hayan transcurrido desde la puesta a disposición de la notificación sin que se acceda a su contenido:

a) Doce días naturales.
b) Diez días naturales.
c) Siete días hábiles.
d) Siete días naturales.

11. No tiene la consideración de materia objeto de negociación colectiva las condiciones del:

a) Personal funcionario de carrera.
b) Personal funcionario interino.
c) Personal laboral.
d) Personal eventual.

12. Las tareas gerenciales o de dirección o coordinación de unidades administrativas integradas por el número mínimo de efectivos de personal que se determine reglamentariamente se desarrollaran por parte del:

a) Personal directivo.
b) Personal laboral.
c) Personal eventual.
d) Personal administrativo.

13. Las retribuciones del personal directivo constarán de una:

a) Una parte fija y una parte variable.
b) Una parta fija y una parte mixta.
c) Una parte mixta y una parte variable.
d) Una retribución fija.

14. Toda persona cuya identidad pueda determinarse, directa o indirectamente, en particular mediante un identificador, como por ejemplo un nombre, un número de identificación, datos de localización, un identificador en línea o uno o varios elementos propios de la identidad física, fisiológica, genética, psíquica, económica, cultural o social de dicha persona, se considerará persona física:

a) Identificable.
b) Fichada.

c) Legal.
d) Tratable.

15. Los datos personales serán tratados de tal manera que se garantice una seguridad adecuada de los mismos, incluida la protección contra el tratamiento no autorizado o ilícito y contra su pérdida, destrucción o daño accidental, mediante la aplicación de medidas técnicas u organizativas apropiadas; todo ello en virtud del principio de:

a) Responsabilidad proactiva.
b) Integridad y confidencialidad.
c) Limitación de la finalidad.
d) Licitud, lealtad y transparencia.

16. Conforme al principio de limitación de la finalidad, los datos personales serán recogidos con fines determinados, explícitos y:

a) Limitados.
b) Transparentes.
c) Compatibles.
d) Legítimos.

17. El derecho a la portabilidad de los datos:

a) Se podrá aplicar a los tratamientos que sean necesario para el cumplimiento de una misión realizada en interés público o en el ejercicio de poderes públicos conferidos al responsable del tratamiento.
b) A diferencia de otros derechos, podrá afectar negativamente a los derechos y libertades de otros.
c) Supone la obligación de que, en todo caso, los datos personales se transmitan directamente de responsable a responsable.
d) Requiere que el tratamiento se efectúe por medios automatizados.

18. Acreditará una competencia inicial que permita incluir progresivamente el principio de igualdad en los procesos habituales de trabajo, con una duración mínima de veinte horas:

a) El nivel básico de conocimiento en materia de igualdad de género y de prevención y lucha contra la violencia de género.
b) El nivel medio de conocimiento en materia de igualdad de género y de prevención y lucha contra la violencia de género.
c) El nivel alto de conocimiento en materia de igualdad de género y de prevención y lucha contra la violencia de género.
d) Todas las respuestas anteriores son incorrectas.

19. Acreditará una competencia media que permita integrar el enfoque de género en ámbitos materiales concretos de competencia de las administraciones públicas, como subvenciones, contratos, gestión de recursos humanos, producción normativa o gestión administrativa, y el conocimiento y comprensión de la violencia de género, con una duración mínima de ciento cincuenta horas:

a) El nivel básico de conocimiento en materia de igualdad de género y de prevención y lucha contra la violencia de género.

b) El nivel medio de conocimiento en materia de igualdad de género y de prevención y lucha contra la violencia de género.

c) El nivel alto de conocimiento en materia de igualdad de género y de prevención y lucha contra la violencia de género.

d) El nivel superior de conocimiento en materia de igualdad de género y de prevención y lucha contra la violencia de género.

20. Acreditará una competencia alta que permita el conocimiento y aplicación práctica del enfoque integrado o de género, con una duración mínima de quinientas horas:

a) El nivel básico de conocimiento en materia de igualdad de género y de prevención y lucha contra la violencia de género.

b) El nivel medio de conocimiento en materia de igualdad de género y de prevención y lucha contra la violencia de género.

c) El nivel alto de conocimiento en materia de igualdad de género y de prevención y lucha contra la violencia de género.

d) El nivel superior de conocimiento en materia de igualdad de género y de prevención y lucha contra la violencia de género.

21. La Ley 7/2023 a quien encomienda promover la adopción, por parte de los medios de comunicación privados, de acuerdos de autorregulación que contribuyan al cumplimiento de la legislación en materia de igualdad entre mujeres y hombres, incluidas las actividades de venta y publicidad que se desarrollen en ellos:

a) A la Administración general de la Comunidad Autónoma de Galicia:

b) A la Administración general del Estado.

c) Al Ministerio de Igualdad.

d) Al Ministerio competente.

22. ¿Cuál de los siguientes es un principio rector de la Ley Orgánica 1/2004?

a) Fortalecer las medidas de sensibilización ciudadana de prevención, dotando a los poderes públicos de instrumentos eficaces en el ámbito educativo, servicios sociales, sanitario, publicitario y mediático.

b) Garantizar derechos en el ámbito laboral y funcionarial que concilien los requerimientos de la relación laboral y de empleo público con las circunstancias de aquellas trabajadoras o funcionarias que sufran violencia de género.

c) Garantizar derechos económicos para las mujeres víctimas de violencia de género, con el fin de facilitar su integración social.

d) Todas las respuestas anteriores son correctas.

23. El Informe anual de evaluación del Plan de Estabilización y Prevención de la Violencia de Género será elaborado por:

a) La Delegación del Gobierno contra la Violencia de Género, oída la Comisión, y lo remitirá a las Cortes Generales.

b) Las Cortes Generales, oída la Comisión, y lo remitirá a la Delegación del Gobierno contra la Violencia de Género.

c) La Delegación del Gobierno contra la Violencia de Género, oídas las Cortes Generales.

d) La Comisión, oída la Delegación del Gobierno contra la Violencia de Género.

24. Contribuirá a desarrollar en la infancia el aprendizaje en la resolución pacífica de conflictos:

a) La educación infantil.

b) La educación primaria.

c) La educación secundaria obligatoria.

d) El Bachillerato.

25. Contribuirá a desarrollar en el alumnado su capacidad para adquirir habilidades en la resolución pacífica de conflictos y para comprender y respetar la igualdad entre sexos:

a) La educación infantil.

b) La educación primaria.

c) La educación secundaria obligatoria.

d) El Bachillerato.

26. Uno de los ejes fundamentales de intervención, es:

a) La mediación.

b) La socialización.

c) La descentralización.

d) La comunicación.

27. ¿Qué es la orientación personal?

a) Es anticipar, enunciar por escrito lo que se va a hacer.

b) Es una tarea que abarca muchos aspectos.

c) Es el proceso de ayuda a un sujeto para que llegue al suficiente conocimiento de sí mismo y del mundo que le rodea, de modo que le haga capaz de resolver los problemas de la vida diaria.

d) Ninguna de las anteriores.

28. La función evaluadora, es:

a) Es el proceso de ayuda a un sujeto para que llegue al suficiente conocimiento de sí mismo.
b) Es la interpretación de una medida en relación con una norma ya establecida.
c) Es anticipar, enunciar por escrito lo que se va a hacer.
d) Todas las respuestas son correctas.

29. La evaluación se extenderá a:

a) Comprobar que sirva de motivación para ulteriores aprendizajes.
b) Verificar la consecución de los objetivos propuestos.
c) Reflexionar sobre los planteamientos de la programación y el ritmo del curso.
d) Todas las respuestas son correctas.

30. En los espacios educativos:

a) Habrá una sala por cada dos unidades con una superficie de dos metros cuadrados por puesto escolar y que tendrá, como mínimo, 15 metros cuadrados.
b) Habrá una sala por cada unidad con una superficie de dos metros cuadrados por puesto escolar y que tendrá, como mínimo, 30 metros cuadrados.
c) Habrá una sala por cada dos unidades con una superficie de dos metros cuadrados por puesto escolar y que tendrá, como mínimo, 30 metros cuadrados.
d) Habrá una sala por cada unidad con una superficie de cuatro metros cuadrados por puesto escolar y que tendrá, como mínimo, 15 metros cuadrados.

31. Los espacios de higiene se establecerán:

a) Para aseo del personal separado de las unidades y de los servicios de los niños.
b) Para el aseo por sala que esté destinado a niños de dos a tres años.
c) Las respuestas a y b son correctas.
d) Ninguna de las respuestas es correcta.

32. Los espacios administrativos:

a) Cada centro cuenta con sus propios espacios que deberán tener una sala de profesores y una secretaría.
b) Todos los centros de Educación Infantil contarán con un despacho de la Dirección, una secretaría y una sala de profesores, cuyo tamaño estará en función de los puestos escolares autorizados.
c) Cada centro cuenta con sus propios espacios que deberán tener una sala de profesores y un despacho de Dirección.
d) Ninguna de las respuestas es correcta.

33. ¿En qué etapa el niño soporta mal la separación de su madre?

a) A partir del tercer mes.
b) Entre el sexto o séptimo mes.
c) Entre los 6 y 9 meses.
d) A partir de un año.

34. El miedo hacia los extraños y la ansiedad por la separación continúan siendo unos rasgos muy claros, ¿En qué etapa?

a) A partir de un año.
b) Entre el sexto o séptimo mes.
c) De los dos a los cuatro años.
d) Entre los 6 y 9 meses.

35. ¿Cuál de las siguientes no es una fase en las manifestaciones conductuales del niño?

a) Conducta de señalamiento.
b) Conducta de separación.
c) Conducta de acercamiento.
d) Conducta orientada.

36. ¿Qué es la conducta de acercamiento?

a) Es aquella en la que el niño busca la cercanía de sus iguales.
b) Es aquella en la que el niño busca la cercanía de su madre.
c) Es aquella en la que comienza a diferenciar las figuras familiares de otras personas y objetos.
d) Es aquella en las que se dan las conductas como el llanto, sonrisa, miradas, etc.

37. ¿Cuál de los siguientes no es una competencia clave, definida en el Decreto 150/2022, de 8 de septiembre?

a) Competencia internacional.
b) Competencia en comunicación lingüística.
c) Competencia ciudadana.
d) Competencia en conciencia y expresión culturales.

38. ¿Cuál de los siguientes es un principio pedagógico?

a) El fomento del desarrollo integral.
b) La práctica educativa se basa en la experimentación y en el juego.
c) Las respuestas a) y b) son correctas.
d) Ninguna de las anteriores.

39. La competencia en comunicación lingüística:

a) Inicia el contacto con lenguas y culturas distintas de la familiar, con el fin de fomentar en las niñas y los niños las actitudes de respeto y aprecio por la diversidad lingüística y cultural.

b) Inicia a las destrezas lógico-matemáticas y para dar los primeros pasos hacia el pensamiento científico a través del juego.

c) Potencian intercambios comunicativos respetuosos con otras niñas y otros niños y con las personas adultas, a los que se dota de intencionalidad y contenidos progresivamente elaborados a partir de conocimientos, destrezas y actitudes que se vayan adquiriendo.

d) Inicia el proceso de alfabetización digital.

40. El instrumento por excelencia para la comunicación, es:

a) La oralidad.
b) La observación.
c) La relación entre personas.
d) La entrevista.

41. Siguiendo el artículo 7 del Decreto 124/2007, de 28 de junio, en la etapa de educación infantil, el profesorado usará en la clase:

a) El gallego.
b) El castellano.
c) El gallego y el castellano indistintamente.
d) La lengua materna predominante entre el alumnado.

42. ¿Quién deberá determinar la lengua materna predominante entre el alumnado de educación infantil?

a) El claustro.
b) La consellería competente en materia de educación.
c) El/la profesor/a.
d) No será necesaria tal determinación pues será la lengua gallega la lengua predominante.

43. En toda la etapa de la educación primaria se impartirá obligatoriamente en gallego las siguientes áreas, excepto una. Indica cuál:

a) Matemáticas.
b) Lengua extrajera.
c) Conocimiento del medio natural, social y cultural.
d) Educación para la ciudadanía y derechos humanos.

44. En la educación secundaria obligatoria se impartirán en gallego las siguientes materias. Señala la que no corresponda:

a) Ciencias de la naturaleza.
b) Ciencias sociales.
c) Geografía e historia.
d) Formación ética y ciudadana.

45. ¿Cuál es la norma que establece la ordenación y el currículo de la educación infantil en la Comunidad Autónoma de Galicia?

a) La Ley 7/2023, de 30 de noviembre.
b) El Decreto Legislativo 2/2015, de 12 de febrero.
c) La Ley 11/2007, de 27 de julio.
d) El Decreto 150/2022, de 8 de septiembre.

46. Señala la respuesta incorrecta. Los principios generales expresados en el Decreto 150/2022, de 8 de septiembre son:

a) La programación, la gestión y el desarrollo de la educación infantil atenderán a la compensación de los efectos que las desigualdades de origen cultural, social y económica tienen en el aprendizaje y en la evolución infantil, así como a la detección precoz y a la atención temprana de necesidades específicas de apoyo educativo.
b) Las medidas organizativas, metodológicas y curriculares que se adopten se regirán por los principios del diseño universal para el aprendizaje.
c) La educación infantil tiene carácter obligatorio.
d) El segundo ciclo de la etapa educativa de educación infantil será gratuito.

47. ¿Qué medidas específicas deben adoptar los centros educativos y establecimientos residenciales para cumplir con su deber de informar sobre los procedimientos de comunicación de situaciones de violencia?

a) Deben enviar un correo electrónico anual a los padres y tutores legales con la información actualizada sobre los procedimientos de comunicación de situaciones de violencia.
b) Deben realizar asambleas mensuales con los estudiantes para discutir verbalmente los procedimientos de comunicación de situaciones de violencia.
c) Deben facilitar a los niños, niñas y adolescentes toda la información referente a los procedimientos de comunicación de situaciones de violencia en formatos accesibles al inicio de cada curso escolar o en el momento de ingreso.
d) Solo necesitan publicar la información sobre los procedimientos de comunicación de situaciones de violencia en una sección oculta de su sitio web, accesible únicamente mediante una contraseña.

48. ¿Cuál es el deber específico de comunicación establecido en el artículo 16 de la Ley Orgánica 8/2021 para profesionales en contacto habitual con niños, niñas o adolescentes?

a) Comunicar únicamente a los servicios sociales competentes cuando adviertan indicios de violencia.

b) Informar exclusivamente a las Fuerzas y Cuerpos de Seguridad sobre cualquier situación de violencia.

c) Comunicar de forma inmediata a los servicios sociales competentes y, si la seguridad del menor está amenazada, también a las Fuerzas y Cuerpos de Seguridad y/o al Ministerio Fiscal.

d) Notificar solo a la Agencia Española de Protección de Datos en caso de infracciones de la normativa sobre protección de datos personales de una persona menor de edad.

49. Según el artículo 17 de la Ley Orgánica 8/2021, ¿qué pueden hacer los niños, niñas y adolescentes que sean víctimas de violencia o testigos de la misma?

a) Comunicarlo únicamente a través de sus representantes legales a las autoridades competentes.

b) Comunicarlo personalmente o a través de sus representantes legales a servicios sociales, Fuerzas y Cuerpos de Seguridad, Ministerio Fiscal, autoridad judicial y, en su caso, a la Agencia Española de Protección de Datos.

c) Reportarlo exclusivamente a la autoridad judicial o al Ministerio Fiscal, sin la posibilidad de notificar a otros organismos.

d) Informar solo a través de líneas telefónicas gratuitas de ayuda, sin recurrir directamente a las autoridades o servicios sociales.

50. ¿Cuál es una de las funciones encomendadas al Coordinador o Coordinadora de bienestar y protección?

a) Implementar medidas de castigo físico leve para faltas menores.

b) Promover planes de formación sobre prevención, detección precoz y protección de los menores.

c) Supervisar personalmente el historial académico de cada estudiante.

d) Restringir el acceso a internet para prevenir el ciberacoso.

51. ¿Qué requisito específico deben cumplir los espacios exteriores de juegos en los centros de atención a la infancia?

a) Deben estar equipados exclusivamente con juegos tradicionales.

b) Deben tener una barrera visual para evitar distracciones externas.

c) Deben ajustarse a la normativa autonómica que regula la seguridad en los parques infantiles.

d) Es obligatorio que incluyan elementos educativos no lúdicos.

52. En los centros de atención a la infancia, ¿qué característica deben tener los materiales utilizados en espacios interiores?

a) Deben ser exclusivamente de origen natural para promover la sostenibilidad.
b) Deben ser adecuados a la edad de los niños, evitando superficies rugosas y aristas.
c) Deben incluir tecnología que estimule el aprendizaje temprano.
d) Deben cambiar periódicamente para garantizar la innovación en el aprendizaje.

53. ¿Cuál es la proporción máxima adulto/niño en unidades para niños menores de 1 año en las escuelas infantiles 0-3?

a) 1/5.
b) 1/10.
c) 1/8.
d) 1/15.

54. De los siguientes, ¿qué requisitos deben cumplir los servicios complementarios de atención y cuidado fuera de la jornada ordinaria del centro?

a) Deben ofrecer programas de refuerzo educativo.
b) El personal de atención nocturna debe estar cualificado según las normas del centro.
c) Solo se prestan servicios a menores que participen en actividades extracurriculares.
d) Los servicios deben incluir el transporte para los menores.

55. ¿Qué titulación mínima se requiere para el personal de atención en los puntos de atención a la infancia (PAI)?

a) Grado/Licenciatura en cualquier disciplina relacionada con la educación, asistencia social o sanitaria.
b) Titulaciones contempladas para el personal de atención y apoyo en las escuelas infantiles 0-3.
c) No se exige requisito de titulación.
d) Formación profesional de cualquier rama, con experiencia acreditada de al menos 1 año.

56. La escolarización del alumnado que presenta necesidades educativas especiales se regirá por los principios de:

a) Normalización e innovación.
b) Innovación e inclusión.
c) Normalización e inclusión.
d) Diversidad e inclusión.

57. Las medidas de flexibilización de las distintas etapas educativas se pueden introducir:

a) Siempre que se considere necesario.
b) Solo cuando haya medios personales apropiados para ello.

c) Solo cuando haya medios materiales para ello.
d) Solo si el centro dispone de aulas específicas de atención.

58. La escolarización de este alumnado en unidades o centros de educación especial podrá extenderse hasta:

a) Los dieciocho años.
b) Los dieciséis años.
c) Los treinta años.
d) Los veintiún años.

59. La escolarización de este alumnado en unidades o centros de educación especial se llevará a cabo:

a) Cuando sus necesidades puedan ser atendidas en el marco de las medidas de atención a la diversidad de los centros ordinarios.
b) Cuando sus necesidades no puedan ser atendidas en el marco de las medidas de atención a la diversidad de los centros ordinarios.
c) Cuando sus necesidades no puedan ser atendidas en el marco de las medidas de atención a la diversidad de los centros específicos.
d) Cuando sus necesidades puedan ser atendidas en el marco de las medidas de atención a la diversidad de los centros específicos.

60. La identificación y valoración de las necesidades educativas de este alumnado se realizará:

a) Lo más tempranamente posible.
b) Lo más tarde posible.
c) Cuando se pueda y se tengan todos los recursos necesarios, más vale tarde que precipitadamente.
d) Cuando lo designe la comunidad educativa.

61. ¿A qué estadio de los descritos por Erik Erikson en su teoría del desarrollo psicosocial se corresponde la siguiente descripción: "se produce desde los 60 años hasta la muerte."?

a) Autonomía *vs* Vergüenza y duda.
b) Iniciativa *vs* Culpa.
c) Integridad del yo frente a la Desesperación.
d) Laboriosidad *vs* Inferioridad.

62. ¿Qué aspecto juega un papel primordial en el desarrollo afectivo?

a) El apego.
b) El salario.

c) El contexto.
d) La confianza.

63. ¿Quién es la principal figura de apego del bebé de pocos meses?

a) La televisión.
b) La madre.
c) La cuidadora del centro de educación infantil
d) La escuela.

64. Es el lazo emocional que desarrolla el niño con sus padres (o cuidadores) y que le proporciona la seguridad emocional indispensable para el desarrollo de sus habilidades psicológicas y sociales:

a) La confianza.
b) El estímulo.
c) El apego.
d) La recompensa.

65. Con respecto a los estudios sobre la conducta visual de los padres, los estudios realizados al respecto demuestran que las madres miran al niño:

a) El 10 % del tiempo que dedican a amamantarle.
b) El 70 % del tiempo que dedican a amamantarle.
c) El 45 % del tiempo que dedican a amamantarle.
d) El 100 % del tiempo que dedican a amamantarle.

66. ¿Qué es la AEPNAA?

a) Asociación Española de Personas con Alergia a Alimentos.
b) Asociación Española de Personas con Alergia a Alimentos y látex.
c) Asociación Española Pública de Niños con Alergia a Alimentos.
d) Asociación Española de Personas con Alergia a Alimentos e intolerancias.

67. ¿Cuántas raciones de farináceos debe consumir un niño/a cada día?

a) De 4 a 6 raciones.
b) De 3 a 6 raciones.
c) 3 raciones.
d) 2 raciones.

68. ¿Qué funciones tiene el Técnico en Educación Infantil con respecto a la educación para la salud de los niños/as?

a) Ser consciente de su papel como modelo a imitar por los niños de su clase, mostrando hábitos y actitudes saludables.

b) Tener relación con los padres para poder ofrecer orientación y colaborar con ellos para una correcta educación sanitaria de sus hijos.

c) Las respuestas a) y b) son correctas.

d) No tiene que preocuparse de las pautas en salud.

69. ¿Con qué edad el pequeño debe ser autónomo y poder colaborar en tareas propias del momento como por ejemplo poner y quitar la mesa, llevar platos, cubiertos o servilletas, ponerse el babero, colgar toallas, etc. ?

a) Con 10 meses.

b) A partir de 18-24 meses.

c) A partir de los 36 meses.

d) No se debe dejar que los niños/as realicen estas tareas.

70. En la hora de la comida como momento educativo, el Técnico en Educación Infantil debe:

a) Coartar al niño de que pruebe o experimente sensaciones nuevas.

b) Valorar cada esfuerzo logrado adquiriendo el hábito, reforzándolo.

c) Seleccionar hábitos y temporalizarlos exigiendo al niño/a avances en cada comida.

d) No debe establecer un dialogo durante la comida para que el niño/a no se distraiga de la comida.

71. Las habilidades relacionadas con la autorregulación del propio comportamiento, comprendiendo las elecciones personales, seguimiento de horarios, finalización de tareas, resolución autónoma de tareas, búsqueda de ayudas cuando lo necesiten, etc. Se consideran hábitos de autonomia:

a) Del área del autocuidado.

b) Del área de la autodirección.

c) Del área de la comunicación.

d) Del área de las habilidades académicas funcionales.

72. Saber decir no cuando no queremos algo que nos perjudica, con seguridad y convencimiento en lo que hacemos es un hábito de autonomía que se trabaja:

a) En el área del autocuidado.

b) En el área de la salud y seguridad personal.

c) En el área de la comunicación.

d) En el área de las habilidades académicas funcionales.

73. El control de esfínteres:

a) Depende del desarrollo y maduración muscular y del Sistema Nervioso Central junto a un adecuado desarrollo cognitivo, motor y afectivo.

b) Depende del desarrollo y maduración muscular y del Sistema Nervioso Periférico junto a un adecuado desarrollo cognitivo, motor y afectivo.

c) Depende de un adecuado desarrollo cognitivo, motor y afectivo.

d) Depende de un ademado desarrollo del área de salud y autocuidado.

74. ¿Con qué edad el niño es capaz de avisar sobre su deseo de orinar dando ya tiempo a llevarlo al baño?

a) Entre los 12 y los 15 meses.

b) Entre los 15 y los 18 meses.

c) Entre los 18 y 24 meses.

d) Entre el 2º y 3er año de vida.

75. El trastorno que consiste en la pérdida involuntaria de orina más allá de la edad en que se consigue el control vesical no producido por una cuestión orgánica se denomina:

a) Eneuresis.

b) Encopresis.

c) Estreñimiento.

d) Incontinencia.

76. Señala una de las medidas más adecuadas para la prevención de la caries:

a) No untar el chupete con miel o azúcar.

b) Evitar alimentos que favorecen el desarrollo de caries como la sacarosa.

c) Consultar al pediatra si se observa una caries a cualquier edad, incluso en la primera dentición.

d) Todas las respuestas son correctas.

77. Cómo se denomina la absorción de sustancias no nutritivas como jabón, tiza, carbón, tierra, etc.:

a) Tina.

b) Rumiación.

c) Onicofagia.

d) Tricotilomanía.

78. A partir de qué edad la tina se considera patológica:

a) A partir de los 4 años.

b) A partir de los 5 años.

c) A partir de los 8 años.

d) A partir de los 10 años.

79. Cuál de las siguientes aberraciones en la comida suele asociarse a irritabilidad:

a) Tricotilomanía.
b) Rumiación.
c) Tina.
d) Onicofagia.

80. Los cólicos del lactante:

a) Se inician a los 7 o 10 días de vida y persisten hasta los 2 o 3 meses de edad.
b) Se inician a los 7 o 10 días de vida y persisten hasta los 3 meses de edad.
c) Se inician a los 10 o 15 días de vida y persisten hasta los 3 o 4 meses de edad.
d) Se inician al mes de vida y persisten hasta los 5 o 6 meses de edad.

81. Qué autor realizó una clasificación del juego basada en el acatamiento de las reglas:

a) Jean Chateau.
b) Karl Groos.
c) Claparède.
d) Vygotsky.

82. Qué autor realizó una clasificación del juego basada en las características psicomotrices:

a) Herbert Spencer.
b) Lazarus.
c) Granville Stanley Hall.
d) Gutiérrez Delgado.

83. Cómo se denomina la actividad lúdica en la que los niños/as de entre 12 y 24 meses manipulan libremente los objetos, explorando sus posibilidades, descubriendo cualidades, capacidades, equilibrios, cantidades, etc., y para terminar realizan su clasificación guardando cada objeto en su lugar correspondiente:

a) El Juego por rincones.
b) El Juego ordenado.
c) El Juego Heurístico.
d) El cesto del tesoro.

84. A través de qué juegos de estructuración perceptiva el niño toma conciencia de conceptos como arriba-abajo, delante-detrás, dentro-fuera, ayer-hoy-mañana, antes-después, etc.:

a) En los juegos de percepción táctil, gustativa, olfativa, auditiva y visual.
b) En los juegos de percepción rítmico-musical.

c) En los juegos de estructuración espacio-temporal.
d) En los juegos de percepción espacio-visual.

85. En qué estadio según Piaget se desarrolla el juego de reglas, caracterizado por la necesidad de conocer una serie de reglas y acatarlas para poder lograr el objetivo que se busca en el juego:

a) En el estadio sensoriomotor.
b) En el estadio preoperacional.
c) En el estadio de las operaciones concretas.
d) En el estadio de las operaciones formales.

86. Cuántos representantes del personal de atención educativa complementaria forman parte del Consejo Escolar en los centros específicos de educación especial y en aquellos que tengan unidades de educación especial:

a) Uno.
b) Dos.
c) Tres.
d) Cuatro.

87. Señala una de las competencias del Consejo Escolar del centro:

a) Conocer las candidaturas a la dirección y los proyectos de dirección presentados por los candidatos.
b) Impulsar la adopción y seguimiento de medidas educativas que fomenten el reconocimiento y protección de los derechos de la infancia.
c) Analizar y valorar el funcionamiento general del centro, la evolución del rendimiento escolar y los resultados de las evaluaciones internas y externas en las que participe el centro.
d) Todas las respuestas son correctas.

88. Señala uno de los principales objetivos de la acción tutorial y orientadora según Segovia Largo y Fresco Calvo:

a) Favorecer los procesos de maduración personal, de desarrollo de la propia identidad y sistema de valores y de la progresiva toma de decisiones.
b) Contribuir a la personalización en la educación y a su individualización; esto es, a toda la persona, y a cada persona.
c) Favorecer la comunicación e interrelación entre todos los miembros de la comunidad educativa.
d) Todas las respuestas son correctas.

89. Qué autor proclamó que "El medio determina el desarrollo psíquico del niño a través de cómo vive el niño dicho medio":

a) Piaget.
b) Karl Groos.

c) Emmi Pikler.

d) Vigotsky.

90. Las asociaciones de padres de alumnos no podrán:

a) Elegir los libros de texto y los materiales didácticos que se utilizarán en el centro.

b) Recibir un ejemplar del proyecto educativo, del proyecto curricular de etapa y de sus modificaciones.

c) Formular propuestas para la realización de actividades complementarias.

d) Conocer los resultados académicos y la valoración que de los mismos realice el consejo escolar.

PREGUNTAS DE RESERVA

1. Apoya técnicamente y orienta la planificación de las medidas sanitarias contempladas en este capítulo, evalúa y propone las necesarias para la aplicación del protocolo sanitario y cualesquiera otras medidas que se estimen precisas para que el sector sanitario contribuya a la erradicación de esta forma de violencia:

a) La Comisión de Igualdad.

b) El Consejo de Igualdad.

c) La Comisión contra la Violencia de Género.

d) El Consejo de Género.

2. Las responsabilidades éticas con los compañeros:

a) Informaremos a los familiares de la naturaleza y el propósito de las evaluaciones de los niños.

b) Es importante la participación para evitar la discriminación a los niños.

c) Se establece y mantiene un ambiente amistoso y cooperativo donde se fomenten el respeto, las relaciones positivas y la satisfacción profesional.

d) Cuidaremos y educaremos a los niños en un ambiente positivo en sentido emocional y social.

3. El profesional de Educación Infantil, planifica su acción pedagógica en torno a:

a) El crecimiento en armonía, descubrimiento y exploración del entorno, comunicación y representación de la realidad.

b) Descubrimiento y exploración del entorno, comunicación y representación de la realidad.

c) El crecimiento en armonía, comunicación y representación de la realidad.

d) Exploración del entorno, comunicación y representación de la realidad.

4. ¿Cuál es la metodología a utilizar en el proceso de adaptación?

a) Debe ser un espacio bien estructurado.

b) Debe empezar cuanto antes a introducir las rutinas que se llevarán a cabo durante todo el curso.

c) Repetir las mismas rutinas diariamente

d) Todas las respuestas son correctas.

5. Las características de la programación, son:

a) Flexible.

b) Una guía que aporta continúas mejoras.

c) Un instrumento de trabajo para el educador/a

d) Todas las respuestas son correctas.

Solución al simulacro n.º 5

1. b) Puede ser inferior a seis meses.

2. b) En todo caso, supletorio del derecho de las Comunidades Autónomas.

3. b) Fundamentalmente de tributos propios y de participación en los del Estado y de las Comunidades Autónomas.

4. c) Una competencia exclusiva plena de la Comunidad Autónoma.

5. c) Competencias exclusivas de segundo grado de la Comunidad Autónoma.

6. d) Competencias compartidas.

7. d) Tres horas entre ambos intentos de notificación.

8. a) Cuando el interesado fuera notificado por distintos cauces, se tomará como fecha de notificación la de aquella que se hubiera producido en último lugar.

9. c) Por una sola vez y en una hora distinta dentro de los tres días siguientes.

10. b) Diez días naturales.

11. d) Personal eventual.

12. a) Personal directivo.

13. a) Una parte fija y una parte variable.

14. a) Identificable.

15. b) Integridad y confidencialidad.

16. d) Legítimos.

17. d) Requiere que el tratamiento se efectúe por medios automatizados.

18. d) Todas las respuestas anteriores son incorrectas.

19. b) El nivel medio de conocimiento en materia de igualdad de género y de prevención y lucha contra la violencia de género.

20. d) El nivel superior de conocimiento en materia de igualdad de género y de prevención y lucha contra la violencia de género.

21. a) A la Administración general de la Comunidad Autónoma de Galicia:

22. d) Todas las respuestas anteriores son correctas.

23. a) La Delegación del Gobierno contra la Violencia de Género, oída la Comisión, y lo remitirá a las Cortes Generales.

24. a) La educación infantil.

25. b) La educación primaria.

26. b) La socialización.

27. c) Es el proceso de ayuda a un sujeto para que llegue al suficiente conocimiento de sí mismo y del mundo que le rodea, de modo que le haga capaz de resolver los problemas de la vida diaria.

28. b) Es la interpretación de una medida en relación con una norma ya establecida.

29. d) Todas las respuestas son correctas.

30. b) Habrá una sala por cada unidad con una superficie de dos metros cuadrados por puesto escolar y que tendrá, como mínimo, 30 metros cuadrados.

31. c) Las respuestas a y b son correctas.

32. b) Todos los centros de Educación Infantil contarán con un despacho de la Dirección, una secretaría y una sala de profesores, cuyo tamaño estará en función de los puestos escolares autorizados.

33. b) Entre el sexto o séptimo mes.

34. c) De los dos a los cuatro años.

35. b) Conducta de separación.

36. b) Es aquella en la que el niño busca la cercanía de su madre.

37. a) Competencia internacional.

38. c) Las respuestas a) y b) son correctas.

39. c) Potencian intercambios comunicativos respetuosos con otras niñas y otros niños y con las personas adultas, a los que se dota de intencionalidad y contenidos progresivamente elaborados a partir de conocimientos, destrezas y actitudes que se vayan adquiriendo.

40. a) La oralidad.

41. d) La lengua materna predominante entre el alumnado.

42. a) El claustro.

43. b) Lengua extrajera.

44. d) Formación ética y ciudadana.

45. d) El Decreto 150/2022, de 8 de septiembre.

46. c) La educación infantil tiene carácter obligatorio.

47. c) Deben facilitar a los niños, niñas y adolescentes toda la información referente a los procedimientos de comunicación de situaciones de violencia en formatos accesibles al inicio de cada curso escolar o en el momento de ingreso.

48. c) Comunicar de forma inmediata a los servicios sociales competentes y, si la seguridad del menor está amenazada, también a las Fuerzas y Cuerpos de Seguridad y/o al Ministerio Fiscal.

49. b) Comunicarlo personalmente o a través de sus representantes legales a servicios sociales, Fuerzas y Cuerpos de Seguridad, Ministerio Fiscal, autoridad judicial y, en su caso, a la Agencia Española de Protección de Datos.

50. b) Promover planes de formación sobre prevención, detección precoz y protección de los menores.

51. c) Deben ajustarse a la normativa autonómica que regula la seguridad en los parques infantiles.

52. b) Deben ser adecuados a la edad de los niños, evitando superficies rugosas y aristas.

53. c) 1/8.

54. b) El personal de atención nocturna debe estar cualificado según las normas del centro.

55. b) Titulaciones contempladas para el personal de atención y apoyo en las escuelas infantiles 0-3.

56. c) Normalización e inclusión.

57. a) Siempre que se considere necesario.

58. d) Los veintiún años.

59. b) Cuando sus necesidades no puedan ser atendidas en el marco de las medidas de atención a la diversidad de los centros ordinarios.

60. a) Lo más tempranamente posible.

61. c) Integridad del yo frente a la Desesperación.

62. a) El apego.

63. b) La madre.

64. c) El apego.

65. b) El 70 % del tiempo que dedican a amamantarle.

66. b) Asociación Española de Personas con Alergia a Alimentos y látex

67. a) De 4 a 6 raciones

68. c) Las respuestas a) y b) son correctas

69. c) A partir de los 36 meses

70. b) Valorar cada esfuerzo logrado adquiriendo el hábito, reforzándolo

71. b) Del área de la autodirección

72. b) En el área de la salud y seguridad personal

73. a) Depende del desarrollo y maduración muscular y del Sistema Nervioso Central junto a un adecuado desarrollo cognitivo, motor y afectivo.

74. c) Entre los 18 y 24 meses

75. a) Eneuresis

76. d) Todas las respuestas son correctas.

77. a) Tina.

78. a) A partir de los 4 años.

79. b) Rumiación.

80. c) Se inician a los 10 o 15 días de vida y persisten hasta los 3 o 4 meses de edad.

81. a) Jean Chateau.

82. d) Gutiérrez Delgado.

83. c) El Juego Heurístico.

84. c) En los juegos de estructuración espacio-temporal.

85. c) En el estadio de las operaciones concretas.

86. a) Uno.

87. d) Todas las respuestas son correctas.

88. d) Todas las respuestas son correctas.

89. d) Vigotsky.

90. a) Elegir los libros de texto y los materiales didácticos que se utilizarán en el centro.

PREGUNTAS DE RESERVA

1. c) La Comisión contra la Violencia de Género.

2. c) Se establece y mantiene un ambiente amistoso y cooperativo donde se fomenten el respeto, las relaciones positivas y la satisfacción profesional.

3. a) El crecimiento en armonía, descubrimiento y exploración del entorno, comunicación y representación de la realidad.

4. d) Todas las respuestas son correctas.

5. d) Todas las respuestas son correctas.

1. Según el artículo 149.1.18 de la CE, las bases del procedimiento administrativo común:

a) Es una competencia exclusiva del Estado.
b) Es una competencia exclusiva del Estado, que puede ser desarrollada por las Comunidades Autónomas de acuerdo con la normativa estatal.
c) Es una competencia compartida entre el Estado y las Comunidades Autónomas.
d) Es competencia exclusiva autonómica.

2. La potestad originaria para establecer tributos corresponde:

a) Al Estado, exclusivamente.
b) Al Estado y a las Comunidades Autónomas.
c) A todas las entidades de carácter territorial.
d) A todas las Administraciones Públicas.

3. La protección del medio natural:

a) Es una competencia obligatoria de los municipios de gran población.
b) Es una competencia propia de los municipios de más de 20.000 habitantes.
c) Es una competencia delegable por la Administración del Estado y la de las Comunidades Autónomas.
d) Ninguna es correcta.

4. Aquellas competencias que ejercen de un modo exclusivo la Comunidad Autónoma y el Estado sobre una misma materia y que exigen, obviamente, una delimitación de cuál es el ámbito en el que una y otro ejercen con exclusividad sus respectivas competencias:

a) Competencias propias.
b) Competencias concurrentes.
c) Competencias exclusivas.
d) Todas las respuestas anteriores son incorrectas.

5. La segunda fase en la planificación de la organización de los entes preautonómicos consistía en:

a) La instauración de los órganos de gobierno y administración regional.
b) La transferencia de competencias y servicios, a través de acuerdos que se irían concretando en una Comisión Mixta de Transferencias.
c) La elaboración y aprobación de los Estatutos de Autonomía.
d) La segunda fase es diferente en cada una de las autonomías, por lo que se debe ir caso al caso.

6. ¿Cuántas Comisiones Mixtas de Transferencias existían para el caso gallego?

a) Una.
b) Dos.
c) Cuatro.
d) Cinco.

7. Cuando los interesados en un procedimiento sean desconocidos, se ignore el lugar de la notificación o bien, intentada esta, no se hubiese podido practicar, la notificación se hará necesariamente:

a) Por medio de un anuncio publicado en el «Boletín Oficial del Estado».
b) Por medio de un anuncio publicado en cualquier Boletín Oficial.
c) Por medio de un anuncio publicado en un diario de tirada nacional.
d) En el Punto de Acceso General electrónico de la Administración.

8. En todo caso, los actos administrativos serán objeto de publicación, surtiendo esta los efectos de la notificación, en el siguiente supuesto:

a) Cuando se trate de actos integrantes de un procedimiento selectivo o de concurrencia competitiva de cualquier tipo.
b) Cuando el acto tenga por destinatario a una pluralidad indeterminada de personas.
c) Cuando la Administración estime que la notificación efectuada a un solo interesado es insuficiente para garantizar la notificación a todos.
d) Todas las respuestas son correctas.

9. Las resoluciones administrativas que vulneren lo establecido en una disposición reglamentaria, se considerarán:

a) Nulas.
b) Anulables.
c) Irregulares.
d) Válidas temporalmente hasta su anulación.

10. A tenor del art. 39 de la Ley 39/2015, de 1 de octubre, del Procedimiento Administrativo Común de las Administraciones Públicas, los actos de las Administraciones Públicas sujetos al Derecho Administrativo se presumirán válidos y producirán efectos, salvo que en ellos se disponga otra cosa, desde:

a) La fecha en que se notifiquen.
b) La fecha en que se dicten.
c) La fecha en que se publiquen.
d) La fecha en que se aprueben.

11. La titulación académica, la progresión alcanzada en la carrera directiva y las características del puesto directivo desempeñado determinan:

a) La parte fija de la retribución.
b) La parte variable de la retribución.
c) La parte mixta de la retribución.
d) La parte subjetiva de la retribución.

12. En el caso de los funcionarios de carrera la movilidad:

a) Siempre es voluntaria.
b) Siempre es forzosa.
c) Puede ser voluntaria o forzosa.
d) No está contemplada.

13. Es el procedimiento normal de provisión de puestos de trabajo por el personal funcionario de carrera y consiste en la valoración de los méritos y capacidades y, en su caso, aptitudes de los candidatos conforme a las bases establecidas en la correspondiente convocatoria:

a) El concurso.
b) La selección.
c) La oposición.
d) La determinación.

14. El tratamiento de datos personales solo podrá considerarse fundado en el cumplimiento de una misión realizada en interés público o en el ejercicio de poderes públicos conferidos al responsable cuando derive de una competencia atribuida por:

a) Una norma con rango de ley.
b) El Reglamento General de Protección de Datos.
c) La Ley Orgánica 3/2018, de 5 de diciembre, de Protección de Datos Personales y garantía de los derechos digitales.
d) Un Reglamento.

15. Conforme al artículo 9 de la LO 3/2018, de 5 de diciembre, de Protección de Datos Personales y garantía de los derechos digitales, ¿cuál de los siguientes tratamientos de datos fundados en el Derecho español deberá estar amparado en una norma con rango de ley?

a) Tratamiento necesario con fines de archivo en interés público, fines de investigación científica o histórica.

b) Tratamiento efectuado, en el ámbito de sus actividades legítimas y con las debidas garantías, por una fundación, una asociación o cualquier otro organismo sin ánimo de lucro, cuya finalidad sea política, filosófica, religiosa o sindical, siempre que el tratamiento se refiera exclusivamente a los miembros actuales o antiguos de tales organismos o a personas que mantengan contactos regulares con ellos en relación con sus fines y siempre que los datos personales no se comuniquen fuera de ellos sin el consentimiento de los interesados.

c) Tratamiento necesario para fines de medicina preventiva o laboral, evaluación de la capacidad laboral del trabajador, diagnóstico médico, prestación de asistencia o tratamiento de tipo sanitario o social, o gestión de los sistemas y servicios de asistencia sanitaria y social.

d) Tratamiento referido a datos personales que el interesado ha hecho manifiestamente públicos.

16. Cuando las solicitudes de ejercicio de los derechos de un interesado en un tratamiento de datos de carácter personal sean manifiestamente infundadas o excesivas, especialmente debido a su carácter repetitivo, el responsable del tratamiento podrá cobrar un canon razonable en función de los costes administrativos afrontados para facilitar la información o la comunicación o realizar la actuación solicitada. A menos que exista causa legítima para ello, se podrá considerar repetitivo el ejercicio del derecho de acceso en más de una ocasión durante el plazo de (a partir de):

a) 3 meses.
b) 6 meses.
c) 10 meses.
d) 1 año.

17. Conforme al artículo 16 del RGPD, teniendo en cuenta los fines del tratamiento, el interesado tendrá derecho a que se completen los datos personales que sean incompletos, inclusive mediante:

a) Levantamiento de acta.
b) Certificación de modificación.
c) Una declaración adicional.
d) Elaboración de anexos.

18. La Administración general de la Comunidad Autónoma realizará de forma periódica campañas de publicidad institucional para promover:

a) La igualdad de trato y oportunidades entre mujeres y hombres.
b) La corresponsabilidad en las tareas domésticas y de cuidados.

c) La sensibilización contra la violencia de género.

d) Todas las respuestas anteriores son correctas.

19. La Administración autonómica fomentará el debate electoral sobre las cuestiones de género, a través de:

a) Un incremento en un 2 por ciento del tiempo gratuito de propaganda electoral, en los medios de comunicación de la Corporación Radio y Televisión de Galicia, concedido a las candidaturas al Parlamento de Galicia, si lo destinaran a la explicación de su programa sobre esas cuestiones, sin perjuicio de que también pudieran abordarse en el tiempo común de propaganda electoral.

b) Un incremento en un 5 por ciento del tiempo gratuito de propaganda electoral, en los medios de comunicación de la Corporación Radio y Televisión de Galicia, concedido a las candidaturas al Parlamento de Galicia, si lo destinaran a la explicación de su programa sobre esas cuestiones, sin perjuicio de que también pudieran abordarse en el tiempo común de propaganda electoral.

c) Un incremento en un 10 por ciento del tiempo gratuito de propaganda electoral, en los medios de comunicación de la Corporación Radio y Televisión de Galicia, concedido a las candidaturas al Parlamento de Galicia, si lo destinaran a la explicación de su programa sobre esas cuestiones, sin perjuicio de que también pudieran abordarse en el tiempo común de propaganda electoral.

d) Un incremento en un 15 por ciento del tiempo gratuito de propaganda electoral, en los medios de comunicación de la Corporación Radio y Televisión de Galicia, concedido a las candidaturas al Parlamento de Galicia, si lo destinaran a la explicación de su programa sobre esas cuestiones, sin perjuicio de que también pudieran abordarse en el tiempo común de propaganda electoral.

20. La discriminación a mujeres con discapacidad se plantea en la norma como una novedad de:

a) Discriminación sexista múltiple.

b) Discriminación sexista interseccional.

c) Discriminación variada.

d) Discriminación absoluta.

21. La discriminación a mujeres de minorías étnicas:

a) Discriminación sexista múltiple.

b) Discriminación sexista internacional.

c) Discriminación variada.

d) Discriminación absoluta.

22. Contribuirá a desarrollar en el alumnado la capacidad para relacionarse con los demás de forma pacífica y para conocer, valorar y respetar la igualdad de oportunidades de hombres y mujeres:

a) La educación infantil.

b) La educación primaria.

c) La educación secundaria obligatoria.

d) El Bachillerato.

23. Contribuirán a desarrollar en el alumnado la capacidad para consolidar su madurez personal, social y moral, que les permita actuar de forma responsable y autónoma y para analizar y valorar críticamente las desigualdades de sexo y fomentar la igualdad real y efectiva entre hombres y mujeres:

a) La educación infantil.

b) La educación primaria.

c) La educación secundaria obligatoria.

d) El Bachillerato.

24. Las Administraciones competentes deberán prever la escolarización de los hijos que se vean afectados por un cambio de residencia derivada de actos de violencia de género:

a) Con carácter inmediato.

b) En un máximo de una semana.

c) En un máximo de diez días.

d) En un máximo de un mes.

25. Indique la respuesta incorrecta:

a) Se adoptarán las medidas precisas para asegurar que los Consejos Escolares impulsen la adopción de medidas educativas que fomenten la igualdad real y efectiva entre hombres y mujeres.

b) En el Consejo Escolar del Estado se asegurará la representación del Instituto de la Mujer y de las organizaciones que defiendan los intereses de las mujeres, con implantación en todo el territorio nacional.

c) En el Consejo Escolar del Estado se aconsejará la representación del Instituto de la Mujer y de las organizaciones que defiendan los intereses de las mujeres, con implantación en todo el territorio nacional.

d) Son correctas las respuestas a) y b).

26. Una de las cualidades que debe tener el educador infantil es:

a) Gozar de una buena salud física y emocional.

b) Acudir de manera habitual al gimnasio.

c) Practicar deportes acuáticos que le permita tener un tono vital elevado.

d) Practicar la meditación que le permita tener una buena salud emocional.

27. ¿Cuáles son las características que ha de tener el educador infantil que le permitan desarrollar sus funciones en una etapa de gran transcendencia para la vida de los pequeños?

a) Capacidad creadora y de improvisación.

b) Responsabilidad, paciencia, tolerancia y empatía.

c) Gozar de buena salud física y mental.
d) Todas las respuestas son correctas.

28. La sencillez, agilidad mental, imaginación viva, son cualidades:

a) Intelectuales.
b) Caracteriales.
c) Estéticas.
d) Éticas.

29. La profunda vocación y motivación pedagógica son cualidades:

a) Intelectuales.
b) Éticas.
c) Profesionales.
d) Físicas y Psíquicas.

30. ¿Cuáles son los criterios para la organización de espacios en un centro de Educación Infantil?

a) Dimensiones pertinentes y suficientes. Temperatura adecuada.
b) Ambientación y decoración adecuadas. Iluminación suficiente.
c) Dotación suficiente de mobiliario. Ventilación adecuada y Acústica apropiada.
d) Todas las respuestas son correctas.

31. La organización del aula debe:

a) Tener en cuenta las necesidades específicas de cada edad.
b) Cumplir las normas del reglamento vigente.
c) Estar compuesto con mesas y sillas suficientes donde tendrán los sitios fijos para una mejor organización.
d) Tener la organización que diseñe el educador.

32. El aula de educación infantil la podemos definir:

a) El espacio donde se ubican los menores de 6 a 9 años que cumple con las condiciones higiénicas oportunas.
b) La situación o el ámbito humano específico que proporciona un conjunto de experiencias, condiciones e influencias que condicionan la vida y el desarrollo del niño.
c) Las respuestas a) y b) son correctas.
d) Ninguna de las anteriores.

33. Los tipos de comportamientos en el momento de la escolarización, son:

a) El llanto.
b) La ausencia del llanto.

c) Ausencia de síntomas en un primer momento que posteriormente van apareciendo.

d) Todas las respuestas son correctas.

34. El hecho de que los niños presenten reacciones diferentes, se debe a:

a) A la información que reciban.

b) Al ritmo evolutivo de cada uno.

c) A las propias características personales.

d) Las respuestas b y c son correctas.

35. ¿Se pueden dar manifestaciones conflictivas a nivel psicológico en los niños al entrar a la escuela?

a) No las manifestaciones son comportamientos, como nerviosismo, torpeza, pérdida de apetito, lloros...

b) Son conductas como vómitos, diarreas, fiebre, regresiones en hábitos ya adquiridos, etc.

c) Si, pueden presentar cuadros de *ansiedad de separación*, con sentimientos de abandono, celos de los hermanos o compañeros, conductas de retraimiento, desmotivación o inactividad.

d) Ninguna de las respuestas es correcta.

36. ¿Cómo se llama el hecho de que los niños tengan un objeto del que nunca se separen, pertenencia que es de importancia vital para ellos?

a) Es un fenómeno, denominado piramidal.

b) Fenómeno, llamado transicional.

c) No existe ningún tipo de fenómeno relacionado.

d) Las respuestas a y b son correctas.

37. Los objetivos del área de Comunicación y Representación de la Realidad son los siguientes:

a) Manifestar interés por interactuar en situaciones cotidianas a través de la exploración y del uso de su repertorio comunicativo para expresar sus necesidades e intenciones y para responder a las exigencias del entorno.

b) Interpretar y comprender mensajes y representaciones apoyándose en conocimientos y recursos de su propia experiencia para responder a las demandas del entorno y construir nuevos aprendizajes.

c) Participar por iniciativa propia en actividades relacionadas con textos escritos, mostrando interés y curiosidad por comprender su funcionalidad y algunas de sus características.

d) Todas las respuestas son correctas.

38. La intervención educativa en el área de Comunicación y Representación de la Realidad:

a) Desarrollará la actitud del niño y la niña y tratará de asentar de manera gradual y progresiva en los distintos niveles de la etapa los aprendizajes que le faciliten al alumnado el logro de los objetivos del área y, en combinación con el resto de áreas, una adecuada adquisición de las competencias clave y el logro de los objetivos de la etapa.

b) Desarrollará su currículo y tratará de asentar de manera gradual y progresiva en los distintos niveles de la etapa los aprendizajes que le faciliten al alumnado el logro de los objetivos del área y, en combinación con el resto de padre para una adecuada adquisición de las competencias clave y el logro de los objetivos de la etapa.

c) Desarrollará su currículo y tratará de asentar de manera gradual y progresiva en los distintos niveles de la etapa los aprendizajes que le faciliten al alumnado el logro de los objetivos del área y, en combinación con el resto de áreas, una adecuada adquisición de las competencias clave y el logro de los objetivos de la etapa.

d) Ninguna de las respuestas es correcta.

39. ¿Cuál de las siguientes no es una línea de actuación en el proceso de enseñanza y aprendizaje?

a) Una acogida afectuosa hacia los mensajes de las niñas y de los niños, el contacto físico y la atención plena.

b) Una organización y gestión inflexible de los tiempos comunicativos respetando los intereses, ritmos y particularidades de las niñas y de los niños.

c) El diseño de situaciones de aprendizaje en las que las niñas y los niños puedan emplear asiduamente los elementos básicos de la comunicación oral.

d) Situaciones de aprendizaje que permitan la evolución de las niñas y de los niños desde posturas de recepción pasiva de lenguajes hasta ser emisores calificados en cualquiera de ellas.

40. El área de Crecimiento en Armonía se centra en:

a) Las relaciones con el entorno familiar.
b) Las dimensiones personal y social.
c) En el desarrollo madurativo.
d) En la capacidad de adaptación.

41. Completa la frase. En el bachillerato, el alumnado recibirá, por lo menos, el .... de su docencia en gallego.

a) 40%.
b) 50%.
c) 60%.
d) 70%.

42. En cuanto a la formación profesional específica, en las enseñanzas artísticas y en las deportivas, de grado medio o superior, se impartirán en:

a) Castellano.
b) Gallego y castellano indistintamente.
c) Gallego.
d) Cada alumno podrá decidir su lengua de preferencia.

43. En las enseñanzas de personas adultas, ¿qué nivel se impartirá íntegramente en gallego, salvo las materias de otras lenguas?

a) Nivel I.
b) Nivel II.
c) ESO.
d) Educación primaria.

44. ¿Cuál fue el resultado de la consulta a las familias de alumnos matriculados en el sistema educativo no universitario, con el objetivo de conocer directamente su opinión sobre diversos aspectos del uso del lenguaje en la educación en Galicia, realizada por la Xunta de Galicia, a través del Departamento de Educación y Ordenación Universitaria en 2009?

a) El "decreto del plurilingüismo".
b) La reorganización de las horas de la enseñanza de la lengua gallega y de la lengua castellana.
c) La obtención de una competencia adecuada en lengua gallega en la enseñanza obligatoria.
d) La regulación del uso y la promoción del gallego en el sistema educativo.

45. La forma de lograr una sociedad más igualitaria entre mujeres y hombres y luchar contra la violencia de género es incluir:

a) La Educación infantil.
b) La coeducación.
c) El aprendizaje.
d) Las relaciones sociales.

46. Todo aquello que se debe enseñar y aprender, o que se muestra, se puede verificar y controlar en el proceso educativo, se denomina:

a) Currículo explícito.
b) Currículo oculto.
c) Currículo omitido.
d) Currículo implícito.

47. En la Estrategia de erradicación de la violencia sobre la infancia y adolescencia (2023-2030), ¿cuál es el objetivo principal del Área estratégica uno "Conocimiento de la realidad de la violencia contra la infancia"?

a) Desarrollar políticas de intervención en casos específicos de violencia.
b) Garantizar el conocimiento de la realidad de la violencia contra la infancia y adolescencia para desarrollar estrategias de actuación eficaces.
c) Crear un entorno seguro en las instituciones educativas.
d) Promover la participación infantil en la toma de decisiones.

48. ¿Qué busca implementar el Área estratégica dos "Cultura de buen trato y tolerancia cero a la violencia", dentro de la Estrategia de erradicación de la violencia sobre la infancia y adolescencia (2023-2030)?

a) Unificar los sistemas de registro de casos de violencia.
b) Desarrollar servicios especializados para víctimas de violencia.
c) Crear una cultura de buen trato y tolerancia cero ante la violencia contra la infancia y adolescencia.
d) Establecer una red de apoyo psicológico para profesionales.

49. ¿Qué línea de actuación pertenece al Área estratégica tres "Entornos seguros"?

a) Investigación sobre la prevalencia de la violencia.
b) Generar una cultura organizacional de protección a la infancia y adolescencia en entidades responsables de entornos donde convivan niños y adolescentes.
c) Crear mecanismos de transparencia y accesibilidad a datos.
d) Introducir reformas legislativas para la protección infantil.

50. En el Área estratégica cuatro "Atención especializada y multidisciplinar", ¿cuál es una de las líneas de actuación?

a) Movilización social contra la violencia.
b) Coordinación entre administraciones para políticas públicas.
c) Brindar atención especializada y multidisciplinar en espacios amigables a niños y adolescentes que han sufrido o ejercido violencia.
d) Promover la transparencia en los presupuestos dedicados a la prevención de la violencia.

51. ¿Qué característica específica debe tener el mobiliario en los centros de atención a la infancia?

a) Superficie no porosa, que no pueda hacer astillas, de bordes romos y ángulos redondeados.
b) Exclusivamente de madera que garantice la sostenibilidad.

c) Debe ser desmontable para maximizar el espacio disponible.

d) Incorporar elementos tecnológicos interactivos para el aprendizaje.

52. De entre los siguientes, ¿qué se requiere para la autorización administrativa de los centros de atención a la infancia?

a) Estudio de impacto ambiental.

b) Solicitud normalizada dirigida a la dirección general competente en materia de familia.

c) No se requiere autorización administrativa.

d) Aprobación de oficio de su funcionamiento, por la autoridad local competente.

53. ¿Cómo deben estar constituidos los libros de registro de usuarios y de reclamaciones en los centros regulados?

a) Digitalmente, para facilitar el acceso remoto.

b) Por hojas encuadernadas y numeradas para mantener un registro organizado.

c) Exclusivamente en formato audiovisual para capturar testimonios detallados.

d) Ninguna de las anteriores es correcta.

54. ¿Qué proporción de personal cualificado se requiere en las escuelas infantiles 0-3?

a) Un número igual al de unidades en funcionamiento más uno para garantizar la calidad educativa.

b) Una proporción de 1:2 para maximizar la interacción personal.

c) Un educador por cada dos unidades para optimizar recursos.

d) Al menos dos educadores por unidad para asegurar una atención personalizada.

55. ¿Qué requisitos específicos deben cumplir los espacios infantiles en relación con la atención de niños menores de 3 años?

a) Deben ofrecer programas avanzados de estimulación temprana principalmente.

b) Deben ubicarse en áreas urbanas con alta demanda de servicios.

c) Deben habilitar una sala diferenciada y aislada para estos niños.

d) La atención debe ser impartida exclusivamente por especialistas sanitarios en pediatría y/o enfermería infantil.

56. ¿Cuándo el alumnado con necesidades educativas especiales podrá contar con un curso adicional para la consecución de los objetivos de la enseñanza básica?

a) Siempre que la familia así lo considere.

b) Cuando los alumnos no obtengan un 5 de media en sus calificaciones.

c) Cuando las circunstancias personales del alumno o alumna con necesidades educativas especiales lo aconsejen.

d) Cuando se necesite completar la ratio de una clase de educación especial.

57. ¿Qué norma regula la atención a las Necesidades Educativas Especiales en la comunidad autónoma de Galicia?

a) El Decreto 229/2011, de 7 de diciembre, por el que se regula la atención a la diversidad del alumnado de los centros docentes de la Comunidad Autónoma de Galicia.

b) La Ley 229/2011, de 7 de diciembre, que regula la atención a la diversidad del alumnado de los centros docentes de la Comunidad Autónoma de Galicia.

c) El Real Decreto 229/2011, de 7 de diciembre, por el que se regula la atención a la diversidad del alumnado de los centros docentes de la Comunidad Autónoma de Galicia.

d) La Orden 229/2011, de 7 de diciembre, que regula la atención a la diversidad del alumnado de los centros docentes de la Comunidad Autónoma de Galicia.

58. Según el artículo 3 del Decreto 229/2011, de 7 de diciembre, la definición "el conjunto de medidas y acciones que tienen como finalidad adecuar la respuesta educativa a las diferentes características y necesidades, ritmos y estilos de aprendizaje, motivaciones, intereses y situaciones sociales y culturales de todo el alumnado" corresponde a:

a) Atención a la diversidad.

b) Necesidades Educativas de apoyo.

c) Inclusión educativa.

d) Diversidad educativa.

59. ¿Cuál de los siguientes no es un principio a cumplir por los equipos directivos de los centros docentes según la Orden de 8 de septiembre de 2021 la cual establece una serie de principios de actuación que contribuyen a hacer realidad los principios generales del Decreto 229/2011?

a) La consideración de la atención a la diversidad en toda la estructura organizativa y curricular del centro, asegurando su tratamiento en el proyecto educativo y en los planes, proyectos o programas que lo conforman. Igualmente, se garantizará la promoción de los principios del diseño universal de aprendizaje en la atención educativa de esa diversidad.

b) La distribución y la organización equitativa de los recursos, adaptando la estructura organizativa del centro docente a los principios de flexibilidad y de atención a las necesidades individuales del alumnado.

c) La coordinación de los procesos de enseñanza y de aprendizaje del alumnado de su tutoría y la promoción de su participación en las actividades del aula y del centro docente.

d) La promoción de la convivencia, la coordinación, la participación y el trabajo en equipo, así como de la formación y la innovación del profesorado en estrategias de atención a la diversidad y en la mejora continua de la calidad educativa, del éxito escolar del alumnado y de su desarrollo profesional.

60. ¿Cuál de los siguientes no es un principio a cumplir por el profesorado tutor de los centros docentes según la Orden de 8 de septiembre de 2021 la cual establece una serie de principios de actuación que contribuyen a hacer realidad los principios generales del Decreto 229/2011?

a) La organización de la evaluación inicial del alumnado y la participación en las propuestas que realice la jefatura del departamento de orientación en relación con las medidas y los recursos necesarios para atender a la diversidad del alumnado de su tutoría.

b) La distribución y la organización equitativa de los recursos, adaptando la estructura organizativa del centro docente a los principios de flexibilidad y de atención a las necesidades individuales del alumnado.

c) El intercambio, tanto con el resto del equipo docente como con las madres, con los padres o con las personas tutoras legales, de toda la información que afecte a los procesos de enseñanza y de aprendizaje.

d) La solicitud de la intervención de la jefatura del departamento de orientación en el caso de alumnado en el que se detecten dificultades de aprendizaje o situaciones que requieran una valoración especializada, colaborando en el proceso de evaluación psicopedagógica y en la aplicación de las medidas que se propongan y de los informes que se requieran.

61. Para determinar la naturaleza del apego, la doctora Mary Ainsworth realizó un sencillo experimento que se conoce como el procedimiento de la situación extraña. En él se observa el comportamiento del niño y en base a él se establecen cuatro tipos diferentes de apego. ¿Cuál de los siguientes no es uno de ellos?

a) Apego seguro.
b) Apego ansioso-ambivalente.
c) Apego ansioso-evitativo.
d) Apego ansioso-organizado.

62. ¿Cómo se denomina en psicología un objeto material en el cual el niño deposita cierto apego, es por ejemplo un muñeco de peluche o un trapo, que tiene funciones psicológicas importantes, sobre todo al pretender dormir, cuando se está solo o en otros momentos, como el hastío o la tristeza?

a) Un objeto transnacional.
b) Un objeto transicional.
c) Un objeto translacional.
d) Un objeto transposicional.

63. ¿Cómo se denomina un estado incómodo que se refiere a un mal esperado o inminente que se desarrolla a partir del temor y la preocupación?

a) Ansiedad.
b) Afecto.

c) Aflicción.
d) Gozo.

64. ¿Cómo se denomina cuando los niños responden con estallidos de mal humor a sus deseos no satisfechos?

a) Apego.
b) Confianza.
c) Rabietas.
d) Miedo.

65. El conocimiento o concepto de sí mismo que tiene el niño incluye cuatro aspectos fundamentales de los siguientes, cuál no sería uno de ellos:

a) Físico.
b) Pasivo.
c) Social .
d) Psicológico.

66. El momento de la comida puede ser empleado por el Técnico en Educación Infantil para:

a) Aprendizaje de utilización progresivamente correcta de utensilios.
b) Cuidado y limpieza con relación a la comida (cepillado de dientes, lavado de manos, limpieza de utensilios).
c) Higiene y limpieza y su relación con el bienestar personal.
d) Todas las respuestas son correctas.

67. La adaptación de la alimentación a las diferentes alteraciones metabólicas y/o digestivas producidas por una patología, siempre a través del uso balanceado de los diferentes grupos de alimentos se denomina:

a) Nutrición.
b) Dietética.
c) Dietoterapia.
d) Régimen dietético.

68. La modificación del tipo de alimentación habitual de una persona por la presencia de procesos patológicos se denomina:

a) Dieta terapéutica.
b) Nutrición.
c) Dietoterapia.
d) Dietética.

69. ¿Qué mineral es necesario para la síntesis de vitamina B12, producción de eritrocitos y formación de mielina?

a) Magnesio.
b) Calcio.
c) Colbalto.
d) Hierro.

70. ¿Qué mineral interviene en mantenimiento de la presión normal en el interior y exterior de las células, regula el balance hídrico en el organismo, reduce los efectos negativos del exceso de sodio y es fundamental en el mecanismo de contracción y relajación muscular?

a) Hierro.
b) Fósforo.
c) Potasio.
d) Cromo.

71. La encopresis se cataloga en:

a) Primaria y Secundaria.
b) Nocturna y Diurna.
c) Activa y pasiva.
d) Las respuestas a) y b) son correctas.

72. Una distensión del colon y la consiguiente pérdida del tono muscular que produce encopresis se relaciona:

a) Con problemas disociales del niño/a.
b) Con problemas de estreñimiento del niño/a.
c) Con una enseñanza no adecuada del control de esfínteres.
d) Se relaciona con eneuresis no con encopresis.

73. Señala la respuesta correcta. Es una actividad para incitar el interés del niño:

a) La realización de micciones y deposiciones con una cierta frecuencia en un grupo pequeño de varios niños a la vez.
b) Estimular el uso del papel higiénico y la cadena del WC.
c) Ir al baño antes de dormir.
d) Despertarlo para que haga pipí cada dos-tres horas.

74. Señala la respuesta incorrecta relacionada con la encopresis:

a) Es un trastorno de eliminación, cuya característica esencial consiste en la evacuación repetida de heces en lugares inadecuados (por ejemplo, ropa o suelo) cuando el niño ha superado los 4 años de edad o un nivel de desarrollo equivalente.

b) Se establece que la incontinencia debe ser únicamente consecuencia del efecto ocasionado por la ingestión de ciertas sustancias (laxantes).

c) El problema debe suceder como mínimo una vez al mes durante un periodo continuado de tres meses.

d) Puede ir ligada a otro tipo de trastornos como la depresión infantil, trastornos en la motricidad, crisis epilépticas, anomalías del lenguaje, manipulación de excrementos e, incluso, coprofagia.

75. Las medidas de higiene que debe tomarse en el Centro de Educación Infantil, con respecto a los alumnos son:

a) Cambio de pañal, higienes de manos y cara e higienes de nariz y boca.
b) Higiene del cuerpo e higiene mental.
c) Higiene bucodental e higiene ocular.
d) Todas las respuestas son correctas.

76. Cuándo desaparece la ictericia:

a) Hacia el 10.º día.
b) Al mes del nacimiento.
c) A los 30 o 40 días del nacimiento.
d) A los tres meses del nacimiento.

77. Ante un niño con fiebre y antes de proceder a la preceptiva consulta médica, se debe:

a) Evitar las friegas con alcohol.
b) Aligerar al niño de ropa, colocándolo en una habitación a buena temperatura, donde no pase frío.
c) Colocarle compresas de agua fresca en la frente o/y brazos.
d) Todas las respuestas son correctas.

78. Cómo se denominan las heridas que se producen por objetos que golpean y rompen la piel (martillos, muebles, etc.) y de profundidad y extensión variable:

a) Contusas.
b) Penetrantes.
c) Punzantes.
d) Incisas.

79. Señala la respuesta incorrecta respecto a los catarros:

a) Sus manifestaciones más importantes son irritación, estornudos, y dolor de cabeza.
b) La sintomatología es leve y cura en seis o siete días.
c) Afectan a las vías respiratorias altas (nariz y garganta).
d) Pueden afectar también a los oídos.

80. Qué tipo de enfermedad se caracteriza por la aparición de manchas de Koplik, que aparecen en las mucosas y mejillas y los labios:

a) Sarampión.
b) Gripe.
c) Parotiditis.
d) Rubéola.

81. Señala uno de los tres impulsos que expresan el carácter infantil y que pueden observarse en el juego según Buytendijk:

a) Deseo de fusión con el entorno y de parecerse a los demás.
b) Impulso de libertad (búsqueda de la propia autonomía).
c) Tendencia a la repetición.
d) Todas las respuestas son correctas.

82. Qué teoría es útil para explicar el juego de ficción o juego simbólico, pero no serviría para explicar otros tipos de juego, como los funcionales, de construcción, etc.:

a) La Teoría del preejercicio o anticipación funcional de Karl Groos.
b) La Teoría de la derivación por ficción de Édouard Claparède.
c) La Teoría de la recapitulación de Granville Stanley Hall.
d) La Teoría del enfoque psicoanalítico del juego por Sigmund Freud.

83. Qué teoría, si bien podría ser acertada para el juego adulto, presenta algunas lagunas al aplicarla al juego infantil, pues el juego es una actividad a la que el niño dedica gran parte de su tiempo y gasta en él toda su energía:

a) La Teoría de la relajación de Lazarus.
b) La Teoría del preejercicio o anticipación funcional de Karl Groos.
c) La Teoría de la recapitulación de Granville Stanley Hall.
d) La Teoría del excedente energético de Herbert Spencer.

84. Qué autor explica el juego por las peculiares características de la infancia, el niño juega debido a su esencia infantil, es decir, porque es niño:

a) Granville Stanley Hall.
b) Buytendijk.
c) Gutiérrez Delgado.
d) Édouard Claparède.

85. Cómo denomina Vygotsky a la distancia entre la zona de desarrollo real (lo que el niño puede realizar por sí mismo sin ayuda) y la zona de desarrollo potencial (lo que puede realizar con la ayuda de un adulto o de un igual más competente):

a) Zona de desarrollo básico.
b) Zona de desarrollo primario.

c) Zona de desarrollo remoto.
d) Zona de desarrollo próximo.

86. Señala la respuesta incorrecta respecto a las entrevistas con los padres y con las madres:

a) El educador debe estructurarla para que a través de ella consiga los datos que le interesan.
b) Siempre es mejor que ambos padres estén en la entrevista y es preferible que el niño esté presente.
c) Hay que disponer de un lugar acogedor y cómodo de forma que pueda discurrir sin interrupciones e intimidad.
d) Hay que convocarlas con un cierto margen temporal, por escrito, y a conveniencia de las dos partes, procurando ser flexible y no restringirlas de modo rígido a las tutorías.

87. Qué entrevista suele ser mucho más valorativa y el profesor adopta mayor protagonismo:

a) La entrevista final.
b) La entrevista inicial.
c) La entrevista a lo largo del curso.
d) La entrevista de mitad de curso.

88. En qué artículo de la Ley de Educación se establece los principios en lo que se inspira el sistema educativo español:

a) En el artículo 1.
b) En el artículo 2.
c) En el artículo 4.
d) En el artículo 6.

89. En toda entrevista se debe planificar:

a) Los contenidos a transmitir.
b) El objetivo que se intenta conseguir.
c) La evaluación a posteriori de los resultados.
d) Todas las respuestas son correctas.

90. Señala la respuesta incorrecta respecto a los talleres:

a) Los talleres los deben coordinar profesionales expertos en el tema del taller.
b) Los talleres pueden adoptar distintas formas organizativas dependiendo del tema que se trabaje.
c) En los talleres solo deben participan los padres.
d) La diferencia entre el taller y otras formas de intervención en la formación de los padres como pueden ser charlas, folletos etc. es que las técnicas son más activas y los padres aprenden técnicas relacionadas con el tema del taller.

PREGUNTAS DE RESERVA

1. La Comunidad Autónoma gallega:

a) Podrá solicitar del Estado la transferencia o delegación de competencias no asumidas en el Estatuto de Autonomía de Galicia.

b) Solo de forma excepcional, podrá solicitar del Estado la transferencia o delegación de competencias no asumidas en el Estatuto de Autonomía de Galicia.

c) Tiene la posibilidad de solicitar del Estado la transferencia o delegación de competencias no asumidas en el Estatuto de Autonomía de Galicia a través del Parlamento.

d) Son correctas las respuestas a) y c).

2. La planificación de los tiempos para el desarrollo de todas las capacidades del niño será según:

a) El desarrollo madurativo de los niños.

b) El desarrollo evolutivo de los niños.

c) Las respuestas a) y b) son correctas.

d) Ninguna de las anteriores.

3. Las actividades a realizar en el período de adaptación:

a) Deben tener carácter lúdico, motivador y dirigido a conocer el entorno nuevo donde se encuentran.

b) Deben ser actividades dirigidas a conocer el entorno de fuera del medio escolar.

c) Las respuestas a y b son correctas.

d) Ninguna de las respuestas son correctas.

4. ¿En qué artículo del Decreto 150/2022, de 8 de septiembre se refiere a las programaciones didácticas para el segundo ciclo de la Educación Infantil?

a) En el artículo 14.

b) En el artículo 4.

c) En el artículo 7.

d) En el artículo 17.

5. Las responsabilidades éticas con la comunidad y la sociedad:

a) Se debe promover la creación de programas y servicios de alta calidad de cuidado y educación de niños pequeños.

b) Se debe fomentar el conocimiento y la comprensión de niños pequeños y sus necesidades.

c) Las respuestas a y b son correctas.

d) Ninguna de las respuestas es correcta.

Solución al simulacro n.º 6

1. a) Es una competencia exclusiva del Estado.

2. a) Al Estado, exclusivamente.

3. c) Es una competencia delegable por la Administración del Estado y la de las Comunidades Autónomas.

4. b) Competencias concurrentes.

5. b) La transferencia de competencias y servicios, a través de acuerdos que se irían concretando en una Comisión Mixta de Transferencias.

6. b) Dos.

7. a) Por medio de un anuncio publicado en el «Boletín Oficial del Estado».

8. d) Todas las respuestas son correctas.

9. a) Nulas.

10. b) La fecha en que se dicten.

11. a) La parte fija de la retribución.

12. c) Puede ser voluntaria o forzosa.

13. a) El concurso.

14. a) Una norma con rango de ley.

15. c) Tratamiento necesario para fines de medicina preventiva o laboral, evaluación de la capacidad laboral del trabajador, diagnóstico médico, prestación de asistencia o tratamiento de tipo sanitario o social, o gestión de los sistemas y servicios de asistencia sanitaria y social.

16. b) 6 meses.

17. c) Una declaración adicional.

18. d) Todas las respuestas anteriores son correctas.

19. c) Un incremento en un 10 por ciento del tiempo gratuito de propaganda electoral, en los medios de comunicación de la Corporación Radio y Televisión de Galicia, concedido a las candidaturas al Parlamento de Galicia, si lo destinaran a la explicación de su programa sobre esas cuestiones, sin perjuicio de que también pudieran abordarse en el tiempo común de propaganda electoral.

20. a) Discriminación sexista múltiple.

21. a) Discriminación sexista múltiple.

22. c) La educación secundaria obligatoria.

23. d) El Bachillerato.

24. a) Con carácter inmediato.

25. d) Son correctas las respuestas a) y b).

26. a) Gozar de una buena salud física y emocional.

27. d) Todas las respuestas son correctas.

28. a) Intelectuales.

29. c) Profesionales.

30. d) Todas las respuestas son correctas.

31. a) Tener en cuenta las necesidades específicas de cada edad.

32. b) La situación o el ámbito humano específico que proporciona un conjunto de experiencias, condiciones e influencias que condicionan la vida y el desarrollo del niño.

33. d) Todas las respuestas son correctas.

34. d) Las respuestas b y c son correctas.

35. c) Si, pueden presentar cuadros de *ansiedad de separación*, con sentimientos de abandono, celos de los hermanos o compañeros, conductas de retraimiento, desmotivación o inactividad.

36. b) Fenómeno, llamado transicional.

37. d) Todas las respuestas son correctas.

38. c) Desarrollará su currículo y tratará de asentar de manera gradual y progresiva en los distintos niveles de la etapa los aprendizajes que le faciliten al alumnado el logro de los objetivos del área y, en combinación con el resto de áreas, una adecuada adquisición de las competencias clave y el logro de los objetivos de la etapa.

39. b) Una organización y gestión inflexible de los tiempos comunicativos respetando los intereses, ritmos y particularidades de las niñas y de los niños.

40. b) Las dimensiones personal y social.

41. b) 50%.

42. c) Gallego.

43. c) ESO.

44. a) El "decreto del plurilingüismo".

45. b) La coeducación.

46. a) Currículo explícito.

47. b) Garantizar el conocimiento de la realidad de la violencia contra la infancia y adolescencia para desarrollar estrategias de actuación eficaces.

48. c) Crear una cultura de buen trato y tolerancia cero ante la violencia contra la infancia y adolescencia.

49. b) Generar una cultura organizacional de protección a la infancia y adolescencia en entidades responsables de entornos donde convivan niños y adolescentes.

50. c) Brindar atención especializada y multidisciplinar en espacios amigables a niños y adolescentes que han sufrido o ejercido violencia.

51. a) Superficie no porosa, que no pueda hacer astillas, de bordes romos y ángulos redondeados.

52. b) Solicitud normalizada dirigida a la dirección general competente en materia de familia.

53. b) Por hojas encuadernadas y numeradas para mantener un registro organizado.

54. a) Un número igual al de unidades en funcionamiento más uno para garantizar la calidad educativa.

55. c) Deben habilitar una sala diferenciada y aislada para estos niños.

56. c) Cuando las circunstancias personales del alumno o alumna con necesidades educativas especiales lo aconsejen.

57. a) El Decreto 229/2011, de 7 de diciembre, por el que se regula la atención a la diversidad del alumnado de los centros docentes de la Comunidad Autónoma de Galicia.

58. a) Atención a la diversidad.

59. c) La coordinación de los procesos de enseñanza y de aprendizaje del alumnado de su tutoría y la promoción de su participación en las actividades del aula y del centro docente.

60. b) La distribución y la organización equitativa de los recursos, adaptando la estructura organizativa del centro docente a los principios de flexibilidad y de atención a las necesidades individuales del alumnado.

61. d) Apego ansioso-organizado.

62. b) Un objeto transicional.

63. a) Ansiedad.

64. c) Rabietas.

65. b) Pasivo.

66. d) Todas las respuestas son correctas.

67. c) Dietoterapia.

68. a) Dieta terapéutica.

69. c) Colbalto.

70. c) Potasio.

71. d) Las respuestas a) y b) son correctas.

72. b) Con problemas de estreñimiento del niño/a.

73. a) La realización de micciones y deposiciones con una cierta frecuencia en un grupo pequeño de varios niños a la vez.

74. b) Se establece que la incontinencia debe ser únicamente consecuencia del efecto ocasionado por la ingestión de ciertas sustancias (laxantes)

75. d) Todas las respuestas son correctas

76. a) Hacia el 10.º día.

77. d) Todas las respuestas son correctas.

78. a) Contusas.

79. b) La sintomatología es leve y cura en seis o siete días.

80. a) Sarampión.

81. d) Todas las respuestas son correctas.

82. b) La Teoría de la derivación por ficción de Édouard Claparède.

83. a) La Teoría de la relajación de Lazarus.

84. b) Buytendijk.

85. d) Zona de desarrollo próximo.

86. b) Siempre es mejor que ambos padres estén en la entrevista y es preferible que el niño esté presente.

87. a) La entrevista final.

88. a) En el artículo 1.

89. d) Todas las respuestas son correctas.

90. c) En los talleres solo deben participan los padres.

PREGUNTAS DE RESERVA

1. d) Son correctas las respuestas a) y c).

2. c) Las respuestas a) y b) son correctas.

3. a) Deben tener carácter lúdico, motivador y dirigido a conocer el entorno nuevo donde se encuentran.

4. a) En el artículo 14.

5. c) Las respuestas a y b son correctas.

1. De conformidad con lo establecido en el artículo 148 de la CE, las Comunidades Autónomas podrán asumir competencias en las siguientes materias:

a) La agricultura y ganadería, de acuerdo con la ordenación general de la economía.
b) Ferias internacionales.
c) Fomento y coordinación general de la investigación científica y técnica.
d) Todas son correctas.

2. Las Comunidades Autónomas, ¿pueden celebrar tratados internacionales?

a) No, pero podrán solicitar al Gobierno la apertura de negociaciones para la celebración de tratados internacionales que tengan por objeto materias de su competencia o interés específico, o por afectar de manera especial a su respectivo ámbito territorial.
b) Sí, siempre que así lo autorice las Cortes Generales por mayoría simple.
c) Sí, a propuesta del Gobierno Autonómico, pero solo para tratados internacionales que tengan por objeto materias de su competencia o interés específico o por afectar de manera especial a su respectivo ámbito territorial.
d) Ninguna es correcta.

3. ¿A quién corresponde la iniciativa del proceso autonómico?

a) Al Congreso de los Diputados por mayoría de tres quintos.
b) A las Cortes Generales.
c) A todas las Diputaciones interesadas o al órgano interinsular correspondiente y a las dos terceras partes de los municipios cuya población represente, al menos, la mayoría del censo electoral de cada provincia o isla.
d) Todas son correctas.

4. Para el caso gallego, la Comisión Mixta de Transferencias se circunscribe a:

a) La Comisión Mixta de Transferencias del Estado.
b) La Comisión Mixta de Transferencias de las Comunidades Autónomas.
c) La Comisión Mixta de Transferencias Estado-Comunidad Autónoma y la Comisión Mixta de Transferencias Xunta de Galicia-Diputaciones Provinciales.
d) La Comisión Mixta de Transferencias Xunta de Galicia- Entidades Municipales.

5. Para la realización de aportaciones escritas para la redacción del Estatuto se acordó el nombramiento de una Comisión de:

a) 10 personas, entre los que se incluirían no solo representantes de los partidos políticos con representación parlamentaria, sino también personas que pertenecieran a las agrupaciones políticas y sociales que habían realizado aportaciones escritas para la redacción del Estatuto.

b) 12 personas, entre los que se incluirían no solo representantes de los partidos políticos con representación parlamentaria, sino también personas que pertenecieran a las agrupaciones políticas y sociales que habían realizado aportaciones escritas para la redacción del Estatuto.

c) 16 personas, entre los que se incluirían no solo representantes de los partidos políticos con representación parlamentaria, sino también personas que pertenecieran a las agrupaciones políticas y sociales que habían realizado aportaciones escritas para la redacción del Estatuto.

d) 20 personas, entre los que se incluirían no solo representantes de los partidos políticos con representación parlamentaria, sino también personas que pertenecieran a las agrupaciones políticas y sociales que habían realizado aportaciones escritas para la redacción del Estatuto.

6. El Parlamento es inviolable y estará constituido por diputados elegidos por sufragio universal, igual, libre, directo y secreto, por un plazo de:

a) 4 años.
b) 5 años.
c) 6 años.
d) 8 años.

7. ¿Cuándo podrán los interesados aducir alegaciones y aportar documentos u otros elementos de juicio?

a) En cualquier momento.
b) En cualquier momento del procedimiento posterior al trámite de audiencia.
c) En cualquier momento del procedimiento anterior al trámite de audiencia.
d) Únicamente cuando lo autorice el instructor del procedimiento.

8. Señala la respuesta incorrecta respecto a los medios y período de prueba:

a) El instructor del procedimiento solo podrá rechazar las pruebas propuestas por los interesados cuando sean manifiestamente improcedentes o innecesarias, sin necesidad de resolución motivada.

b) En los procedimientos de carácter sancionador, los hechos declarados probados por resoluciones judiciales penales firmes vincularán a las Administraciones Públicas respecto de los procedimientos sancionadores que substancien.

c) Cuando la prueba consista en la emisión de un informe de un órgano administrativo, organismo público o Entidad de derecho público, se entenderá que este tiene carácter preceptivo.

d) Cuando la valoración de las pruebas practicadas pueda constituir el fundamento básico de la decisión que se adopte en el procedimiento, por ser pieza imprescindible para la correcta evaluación de los hechos, deberá incluirse en la propuesta de resolución.

9. Cuando lo considere necesario, el instructor, a petición de los interesados, podrá decidir la apertura de un período extraordinario de prueba por un plazo:

a) No superior a diez días.
b) No superior a quince días.
c) No superior a veinte días.
d) No superior a un mes.

10. Es el procedimiento general de provisión de los puestos de trabajo que no tengan establecida otra forma de provisión en la relación de puestos de trabajo:

a) El concurso ordinario.
b) El concurso extraordinario.
c) El concurso específico.
d) La oposición.

11. El personal funcionario de carrera que ocupe con carácter definitivo un puesto de trabajo obtenido por concurso debe permanecer en él un mínimo de:

a) 6 meses para poder participar en los concursos ordinarios regulados en el artículo 90 de la Ley 2/2015.
b) 1 año para poder participar en los concursos ordinarios regulados en el artículo 90 de la Ley 2/2015.
c) 2 años para poder participar en los concursos ordinarios regulados en el artículo 90 de la Ley 2/2015.
d) 3 años para poder participar en los concursos ordinarios regulados en el artículo 90 de la Ley 2/2015.

12. En el supuesto del personal funcionario de nuevo ingreso, es requisito necesario para poder participar en un concurso ordinario, en todo caso, una antigüedad mínima de:

a) 6 meses desde el nombramiento como personal funcionario de carrera.
b) 1 año desde el nombramiento como personal funcionario de carrera.
c) 2 años desde el nombramiento como personal funcionario de carrera.
d) 4 años desde el nombramiento como personal funcionario de carrera.

13. Se aplicará como sistema de provisión para aquellos puestos de trabajo para los que, por sus peculiaridades, así se determine en la relación de puestos de trabajo:

a) El concurso ordinario.
b) El concurso extraordinario.
c) El concurso específico.
d) La oposición.

14. Conforme al artículo 85 de la LO 3/2018, los responsables de redes sociales y servicios equivalentes deben adoptar protocolos adecuados para posibilitar, ante los usuarios que difundan contenidos que atenten contra el derecho al honor, la intimidad personal y familiar en Internet, el ejercicio del derecho de:

a) Olvido.
b) Portabilidad.
c) Rectificación.
d) Información.

15. Uno de los objetos de la Ley Orgánica 3/2018, de 5 de diciembre, de Protección de Datos Personales y garantía de los derechos digitales, es:

a) Adaptar el ordenamiento jurídico español al Reglamento General de Protección de Datos y completar sus disposiciones.
b) Establecer las normas relativas a la protección de las personas físicas en lo que respecta al tratamiento de los datos personales y las normas relativas a la libre circulación de tales datos.
c) Adaptar el Reglamento General de Protección de Datos al ordenamiento jurídico español y completar sus disposiciones.
d) Garantizar la seguridad de la transferencia de datos entre países de la Unión Europea.

16. En referencia al derecho de oposición, el artículo 21 del RGPD señala que:

a) Cuando el tratamiento de datos personales tenga por objeto la mercadotecnia directa, el interesado tendrá derecho a oponerse en todo momento al tratamiento de los datos personales que le conciernan.
b) A más tardar en el momento de la segunda comunicación con el interesado, el derecho de oposición será mencionado explícitamente al interesado y será presentado claramente y al margen de cualquier otra información.
c) Aun cuando el tratamiento de datos personales tenga por objeto la mercadotecnia directa, el interesado no podrá oponerse a la elaboración de perfiles relacionada con la citada mercadotecnia.
d) Los motivos legítimos para el tratamiento por parte del responsable del tratamiento no pueden prevalecer sobre los intereses, derechos y libertades del interesado.

17. En relación con el derecho de acceso, el responsable del tratamiento debe facilitar una copia de los datos personales objeto de tratamiento. Cuando el afectado elija un medio distinto al que se le ofrece que suponga un coste desproporcionado:

a) La solicitud será considerada excesiva y, por lo tanto, no tenida en consideración.

b) El afectado asumirá parte del exceso de costes que su elección comporte.

c) En este caso, solo será exigible al responsable del tratamiento la satisfacción del derecho de acceso sin dilaciones indebidas.

d) Será cumplimentada gratuitamente y sin dilaciones indebidas.

18. La discriminación a mujeres en situación de trata se puede considerar:

a) Discriminación sexista múltiple.

b) Discriminación sexista seccional.

c) Discriminación variada.

d) Discriminación absoluta.

19. La discriminación a mujeres mayores se puede considerar:

a) Discriminación sexista múltiple.

b) Discriminación sexista intervencional.

c) Discriminación variada.

d) Discriminación absoluta.

20. Los proyectos de ley presentados en el Parlamento de Galicia por la Xunta de Galicia se acompañarán de:

a) Un informe sobre su impacto de género elaborado por el órgano competente en materia de igualdad entre mujeres y hombres.

b) Un informe sobre igualdad de género.

c) Un informe de impacto positivo sobre la mujer.

d) Cualquier informe que exprese el impacto de la normativa sobre la situación de la mujer.

21. Indica la respuesta incorrecta:

a) Los reglamentos elaborados por la Xunta de Galicia con repercusión en cuestiones de género requerirán un informe, emitido por el órgano competente en materia de igualdad entre mujeres y hombres, sobre el impacto de género.

b) El informe sobre impacto de género requerirá la tramitación de los planes de especial relevancia económica, social o cultural, con repercusión en cuestiones de género, que se sometan a la aprobación del Consejo de la Xunta.

c) Los reglamentos elaborados por la Xunta de Galicia con repercusión en cuestiones de género requerirán un informe, emitido por el Gobierno central, sobre el impacto de género.

d) El informe sobre el impacto de género no es vinculante.

22. Velará por el cumplimiento y aplicación de los principios y valores recogidos en este capítulo en el sistema educativo destinados a fomentar la igualdad real entre mujeres y hombres en el ámbito educativo:

a) El Ministro de Educación.
b) Los servicios de inspección educativa.
c) Los servicios de gestión educativa.
d) El Consejo de Ministros.

23. Toda forma de comunicación realizada por una persona física o jurídica, pública o privada, en el ejercicio de una actividad comercial, industrial, artesanal o profesional, con el fin de promover de forma directa o indirecta la contratación de bienes muebles o inmuebles, servicios, derechos y obligaciones es considerada:

a) Publicidad.
b) Marketing.
c) Gestión de la reputación.
d) Comunicación.

24. ¿A cuál de los siguientes órganos la normativa vigente legitima para ejercitar ante los Tribunales la acción de cesación de publicidad ilícita por utilizar en forma vejatoria la imagen de la mujer:

a) La Delegación del Gobierno contra la Violencia de Género.
b) El Instituto de la Mujer u órgano equivalente de cada Comunidad Autónoma.
c) El Ministerio Fiscal.
d) Todas las respuestas anteriores son correctas.

25. En la difusión de informaciones relativas a la violencia sobre la mujer se tendrá especial cuidado en el:

a) Tratamiento gráfico de las informaciones.
b) Todo tratamiento de informaciones.
c) Tratamiento del texto incorporado.
d) Todas las respuestas anteriores son incorrectas.

26. ¿Cuál de las siguientes son tareas del Educador Infantil?

a) Elaborar proyectos y actividades educativas y de atención a la infancia.
b) Desarrollar proyectos de intervención con niños de 0 a 3 años.
c) Establecer relaciones sociales, afectivas y normativas, adecuadas a la situación individual y colectiva, con los niños bajo su responsabilidad.
d) Todas las respuestas son correctas.

27. El Educador Infantil deberá:

a) Conocer tanto a los padres como al resto de la familia extensa del menor.
b) Comprender el marco legal, económico y organizativo de las diferentes modalidades de atención a la primera infancia.
c) Las respuestas a y b son correctas.
d) Ninguna de las respuestas es correcta.

28. El educador infantil desarrollará sus actividades en las áreas funcionales:

a) De información, programación, desarrollo y transferencia ejecutiva.
b) De diseño, programación, desarrollo y evaluación de actividades de enseñanza-aprendizaje.
c) De transferencia ejecutiva.
d) De cierre y transferencia de casos.

29. Las técnicas y conocimientos se encuentran ligados directamente a:

a) Técnicas de observación y evaluación.
b) Técnicas de planificación, programación e investigación sobre la acción.
c) Técnicas de trabajo en equipo y dinamización de grupos.
d) Todas las respuestas son correctas.

30. El espacio de juego simbólico:

a) Es aquel donde se mantendrá todo el material manipulativo.
b) Es aquel donde se colocarán las diferentes colchonetas para poder dormir la siesta.
c) Es aquel que nos sirve para combinarlo con otro tipo de actividad y juegos.
d) Ninguna de las respuestas es correcta.

31. En educación infantil es importante contar con:

a) Un aula para el descanso de los educadores.
b) Un aula de psicomotricidad.
c) Las respuestas a y b son correctas.
d) Ninguna de las respuestas es correcta.

32. Las funciones del educador en la organización del aula, están relacionadas con:

a) La organización del ámbito físico.
b) La creación de la disciplina y la presentación de los estímulos.
c) Los modelos comportamentales y relacionales.
d) Todas las respuestas son correctas.

33. ¿A qué edad suele producirse ese fenómeno?

a) Entre los 9 y 12 meses.
b) Entre los 3 y 6 meses.
c) Entre los 6 y 12 meses.
d) Entre los 12 y 18 meses.

34. ¿Cuál es el papel del personal que trabaja en los Centros de Educación Infantil?

a) Dar información sobre el desarrollo de los niños en el medio escolar.
b) Desarrollar un ambiente con un clima afectivo apropiado para que se resuelvan con éxito todos los conflictos.
c) Supervisar el comportamiento de los menores con los padres para prevenir conflictos.
d) Ninguna de las respuestas es correcta.

35. La función de facilitar la adaptación del niño al medio escolar, es de:

a) De los educadores.
b) De los padres.
c) Tanto de los educadores como de los padres.
d) Ninguna de las respuestas es correcta.

36. ¿Qué debe hacer el educador en la adaptación de un niño al medio escolar?

a) Crear un clima de comunicación favorable.
b) Transmitirles seguridad.
c) Respetar el ritmo de cada niño sin exigirle nada y acogerlo con comprensión y cariño.
d) Todas las respuestas son correctas.

37. Los objetivos del área de Crecimiento en Armonía son los siguientes:

a) Reconocer, manifestar y regular progresivamente sus emociones expresando necesidades y sentimientos para lograr el bienestar emocional y la seguridad afectiva.
b) Establecer interacciones sociales en condiciones de igualdad, valorando la importancia de la amistad, del respeto, de la diversidad y de la empatía para construir su propia identidad basada en valores democráticos y de respeto a los derechos humanos.
c) Progresar en el conocimiento y en el control de su cuerpo y en la adquisición de distintas estrategias.
d) Todas las respuestas son correctas.

38. El área de Descubrimiento y Exploración del Entorno hace referencia:

a) A la experiencia de las niñas y los niños que pasa por el conocimiento, el dominio y el cuidado del propio cuerpo.

b) Al descubrimiento, exploración y comprensión de aquello que configura la realidad de las niñas y de los niños, considerando sus múltiples relaciones e interdependencias.

c) Pretende promover en las niñas y los niños las capacidades que les permitan comunicarse.

d) Todas las respuestas son correctas.

39. ¿Qué significan las siglas, PEC?

a) Proyecto educativo coordinado.
b) Proyecto evaluado de campo.
c) Proyecto educativo de centro.
d) Proyecto evolutivo y coordinado.

40. El PEC, es:

a) Es el documento que recoge las decisiones de todo el centro con relación a las opciones educativas y a la organización del mismo.

b) Es un documento de solicitud y ayuda en el centro con relación a la organización de las aulas.

c) Es un documento de transferencia ejecutiva.

d) Es un documento de cierre y transferencia de casos trabajados.

41. ¿Cuál es la norma que regula la distribución de las lenguas vehiculares de las distintas materias de estudio, y que garantiza la competencia plena en igualdad de las dos lenguas oficiales en Galicia?

a) Decreto 124/2007, de 20 de mayo.
b) Decreto 124/2007, de 28 de junio.
c) Decreto 79/2010, de 20 de mayo.
d) Decreto 247/1995, de 14 de septiembre.

42. Señala la respuesta incorrecta. Los principios a partir de los cuales se elabora el Decreto 79/2010, de 20 de mayo, son los siguientes:

a) Garantía de la adquisición de una competencia en igualdad en las dos lenguas oficiales de Galicia.

b) Garantía del máximo equilibrio posible en las horas semanales y en las asignaturas impartidas en las dos lenguas oficiales de Galicia, con el objetivo de asegurar la adquisición de la competencia en igualdad en ellas.

c) Adquisición de un conocimiento efectivo en lengua(s) extranjera(s), en un marco general de promoción del plurilingüismo en el sistema educativo de Galicia.

d) Participación y colaboración de las familias en la formulación del marco normativo para la enseñanza no universitaria.

43. En la etapa de Educación Infantil, la lengua materna predominante del alumnado será determinada por:

a) Los padres, madres, tutores/as o representantes legales del alumnado.
b) El centro educativo.
c) La consellería competente en materia de Educación.
d) Cada profesor en su aula de lengua.

44. En Educación Primaria, la adquisición de la competencia lingüística propia de la etapa y del nivel se garantizará en:

a) Gallego.
b) Castellano.
c) Las dos lenguas oficiales de Galicia.
d) La lengua de elección del alumnado.

45. Todo aquello que no se muestra de manera explícita, pero que inunda el currículo de manera solapada y que, por lo tanto también se enseña y se aprende: las relaciones, los lenguajes o el uso de los espacios, las instancias de poder y de representación, los roles, los estereotipos, las funciones de los programas escolares, se llama:

a) Currículo explícito.
b) Currículo oculto.
c) Currículo omitido.
d) Currículo implícito.

46. Todo lo que se considera socialmente necesario aprender; todo lo que se debe enseñar y aprender en estos tiempos, pero que no se enseña ni se aprende, se denomina:

a) Currículo explícito.
b) Currículo oculto.
c) Currículo omitido.
d) Currículo implícito.

47. ¿Qué se pretende con la línea de actuación "Registro unificado" dentro del Área estratégica uno?

a) Crear un sistema de registro estatal de todos los casos de violencia contra la infancia y adolescencia.
b) Desarrollar programas de sensibilización para profesionales.
c) Implementar políticas de protección en entidades deportivas y de ocio.
d) Ampliar la cobertura de servicios especializados para víctimas de violencia.

48. En el contexto del Área estratégica tres, ¿qué representa la "Capacitación a familias"?

a) Introducir contenidos sobre protección infantil en el currículo académico.
b) Facilitar formación a las familias responsables de la atención y crianza de niños, niñas y adolescentes.

c) Promover la movilización social para la prevención de la violencia.

d) Mejorar la coordinación entre servicios sociales y fuerzas de seguridad.

49. ¿Cuál es una acción específica dentro del Área estratégica cuatro para mejorar la calidad de la intervención?

a) Desarrollar una campaña de sensibilización a nivel nacional.

b) Ampliar la accesibilidad y cobertura de los recursos de atención especializada y multidisciplinar.

c) Establecer un marco legislativo para la tolerancia cero a la violencia.

d) Implementar un programa de investigación sobre la eficacia de las estrategias de prevención.

50. ¿Cuál es el principal objetivo del Protocolo básico de intervención contra el maltrato infantil en el ámbito familiar actualizado en 2014?

a) Promover el bienestar de los menores a través de actividades recreativas.

b) Aumentar el presupuesto estatal para la protección infantil.

c) Garantizar la aplicación de los derechos reconocidos en la Convención sobre los Derechos del Niño y promover la actuación integral frente al maltrato.

d) Actualizar las estrategias de actuación para adaptarlas a nuevas necesidades sociales, incluyendo la protección de menores expuestos a la violencia de género.

51. ¿Cuál es el horario mínimo de apertura que deben cumplir las escuelas infantiles 0-3?

a) 7 horas diarias para adaptarse a la jornada laboral estándar.

b) Un mínimo de ocho horas diarias para cubrir las necesidades de conciliación familiar.

c) 10 horas diarias para ofrecer un servicio extendido.

d) 12 horas diarias para incluir programas extraescolares.

52. ¿Qué se requiere para el servicio de comedor en los centros de atención a la infancia?

a) Exclusivamente alimentos orgánicos para promover hábitos saludables.

b) Menús diseñados por profesionales de nutrición humana y dietética de la plantilla del centro para garantizar la calidad.

c) Cumplir con las exigencias establecidas en la regulación técnico-sanitaria para comedores colectivos.

d) Solo alimentos producidos localmente que apoyen el retorno y la soberanía alimentaria.

53. ¿Cuál es el criterio para la clasificación de los centros de atención a la infancia?

a) Por el número de educadores disponibles en el centro.

b) Por la proximidad a centros urbanos de gran tamaño.

c) Según los establecimientos que les den soporte y su tipología.

d) Basado únicamente en la demanda y las necesidades de la comunidad local.

54. ¿Qué característica es específica de los Puntos de Atención a la Primera Infancia (PAI) según su concepción?

a) Están diseñados exclusivamente para municipios con una población infantil superior a 5.000 habitantes.

b) Son establecimientos de atención educativa intensiva para niños de 4 a 6 años.

c) Están dirigidos prioritariamente a ayuntamientos con baja población infantil o circunstancias socio-económicas específicas.

d) Se enfocan únicamente en la atención asistencial continuada para niños de 0 a 2 años.

55. ¿Cuál es la finalidad de los espacios infantiles según la clasificación de los centros de atención a la infancia?

a) Proveer exclusivamente servicios educativos avanzados para niños superdotados de 2 a 8 años.

b) Ofrecer un servicio de guardería nocturna para niños de todas las edades.

c) Proporcionar un servicio de atención asistencial no continuada para niños de 2 a 8 años, con flexibilidad y garantías de seguridad.

d) Servir como centros de rehabilitación pediátrica para niños con necesidades especiales.

56. ¿Cuál de los siguientes no es un principio a cumplir por el profesorado de área, materia, ámbito o módulo de los centros docentes según la Orden de 8 de septiembre de 2021 la cual establece una serie de principios de actuación que contribuyen a hacer realidad los principios generales del Decreto 229/2011?

a) La colaboración con el profesorado tutor y con la jefatura del departamento de orientación en la planificación y en el desarrollo de actuaciones destinadas al ajuste de los procesos de enseñanza y de aprendizaje.

b) La utilización de estrategias metodológicas promotoras de la inclusión, de la solidaridad, del trabajo en equipo, del respeto a la diferencia y de la convivencia de todo el alumnado, informando al profesorado tutor sobre el desarrollo personal, social y educativo del alumnado que atiende.

c) La solicitud de la intervención de la jefatura del departamento de orientación en el caso de alumnado en el que se detecten dificultades de aprendizaje o situaciones que requieran una valoración especializada, colaborando en el proceso de evaluación psicopedagógica y en la aplicación de las medidas que se propongan y de los informes que se requieran.

d) La participación en las estrategias de coordinación entre el equipo docente, bajo la dirección del profesorado tutor.

57. ¿Cuál de los siguientes no es un principio a cumplir por los servicios de orientación educativa y profesional de los centros docentes según la Orden de 8 de septiembre de 2021 la cual establece una serie de principios de actuación que contribuyen a hacer realidad los principios generales del Decreto 229/2011?

a) El asesoramiento a toda la comunidad educativa sobre las medidas de atención a la diversidad, en general, y sobre las destinadas al alumnado con necesidad específica de apoyo educativo, en particular.

b) La participación en las estrategias de coordinación entre el equipo docente, bajo la dirección del profesorado tutor.

c) La información a todas las personas afectadas de los resultados de sus intervenciones, así como de las acciones que, en su caso, figuren en el informe psicopedagógico.

d) La promoción de la participación de las familias en el proceso de la evaluación psicopedagógica.

58. Según se recoge en el artículo 11 de la Orden de 8 de septiembre de 2021, ¿qué departamento establecerá los procedimientos y elaborará protocolos y medidas para la detección temprana de las necesidades educativas del alumnado?

a) El Departamento de Orientación de los centros docentes.

b) El Departamento de Convivencia de los centros docentes.

c) La Junta Departamental del centro.

d) El equipo directivo.

59. ¿Qué aspecto constituye un factor preventivo por excelencia en la atención a la diversidad, especialmente cuando se trata de alumnado con necesidad específica de apoyo educativo?

a) La evaluación inicial.

b) La memoria final de curso.

c) El proyecto de centro.

d) La evaluación de proceso.

60. La identificación y la acreditación del desarrollo personal y social, de las competencias adquiridas y de las necesidades educativas que puedan presentar determinadas alumnas o determinados alumnos, para poder fundamentar y concretar las propuestas y las decisiones sobre la respuesta educativa que sea preciso adoptar en relación con aspectos como la modalidad de escolarización más adecuada, la determinación de los recursos y de los apoyos específicos necesarios, la propuesta de medidas de atención a la diversidad, la orientación educativa y profesional, y cualquier otro favorecedor del desarrollo armónico de ese alumnado es finalidad de:

a) La evaluación de nivel.

b) La evaluación de ciclo.

c) La evaluación psicopedagógica.
d) La memoria final de curso.

61. ¿A partir de qué edad el niño toma conciencia de sus propias capacidades?

a) A partir de los 9 meses.
b) A partir de los 24 meses.
c) A partir de los 18 meses.
d) Desde que nace.

62. ¿Bajo qué seno se crean los primeros vínculos afectivos, se establecen las primeras normas y rutinas que van a configurar el espacio social en que se mueve el niño?

a) En el seno de la familia.
b) En el seno de la escuela.
c) En el seno de la Universidad.
d) En el seno de la calle.

63. Hay unos factores de impregnación. De los siguientes cual no es uno de ellos:

a) La iniciación en la lengua materna.
b) Los juegos que se practican en el seno de la familia, que son reflejo del medio ambiente familiar.
c) Las reuniones familiares como comidas, vacaciones, etc.
d) El trabajo de los padres.

64. Existen muchas investigaciones que estudian la influencia de los hermanos en el desarrollo social del niño. De los aspectos que más se han tenido en cuenta, la siguiente afirmación "los primogénitos o hermanos mayores disponen principalmente de modelos adultos, por lo que se identifican más fácilmente con ellos, llegando a asumir muchas veces responsabilidades que sobrepasan sus posibilidades" hace referencia a:

a) El orden de nacimiento.
b) El sexo de los hermanos.
c) Las diferencias de edad.
d) El número de hermanos.

65. El juego del bebé evoluciona mucho desde el nacimiento a los tres años. ¿Cuándo el juego se vuelve independiente, no necesita la presencia de un adulto, pero si están jugando juntos puede molestarle que abandone el juego?

a) A los 10 meses.
b) A los 18 meses.

c) Desde que nace.
d) A los 36 meses.

66. Señala la respuesta correcta. El calcio:

a) Es necesario para la formación y mantenimiento de huesos y dientes.
b) Regula la frecuencia cardiaca y transmisión de impulsos nerviosos, disminuye los niveles sanguíneos de colesterol.
c) Reduce la preclampsia en el embarazo.
d) Todas las respuestas son correctas.

67. Señala la respuesta correcta. El hierro:

a) Se encuentra principalmente en fuentes alimentarias vegetales.
b) Es esencial en la formación de huesos, dientes y varias enzimas, participa en el metabolismo energético y en el transporte de oxígeno a nivel tisular e interviene en la transmisión de los impulsos nerviosos, contracción y relajación muscular.
c) Necesario para la formación y mantenimiento de huesos y dientes.
d) Interviene en el transporte y depósito de oxígeno de los tejidos.

68. Al disacárido formado por la unión de glucosa y fructosa se le denomina:

a) Sacarosa.
b) Maltosa.
c) Lactosa.
d) Almidón.

69. Podemos encontrar almidón en:

a) Legumbres, cereales y tubérculos.
b) Legumbres, cereales y frutas.
c) Cereales, tubérculos y frutas.
d) Tubérculos, semillas y legumbres.

70. La presencia en cantidades elevadas de los géneros bacterianos como Bifido-bacterium y Lactobacillus:

a) Son perjudiciales para la salud.
b) Son beneficiosos para la salud.
c) Hacen que aumenten la masa fecal y aceleren como consecuencia el tránsito intestinal.
d) Hacen que disminuya la masa fecal y aceleren como consecuencia el tránsito intestinal.

71. Para evitar el contagio de procesos infecciosos, la escuela infantil debe tener:

a) Un circuito de limpio-sucio.
b) Luz y ventilación natural.

c) Protocolos de emergencias o accidentes infantiles.
d) Ausencia de escaleras.

72. Los hábitos a iniciar o consolidar durante los 2-4 años son:

a) Aprender a limpiarse después de defecar u orinar.
b) Aprender a utilizar el papel higiénico.
c) Aprender a mantener limpios los espacios que se usen como son las aulas, los pasillos, el patio, etc.
d) Aprender a usar la papelera.

73. ¿Con qué edad le cuesta al niño/a aceptar el control de las uñas, especialmente de los pies?

a) A los 5-6 años.
b) A los 4-5 años.
c) A los 3-4 años.
d) A los 2-3 años.

74. ¿Con qué edad puede haber descuidos por distracción en el control de la evacuación?

a) Con 1-2 años.
b) Con 2-3 años.
c) Con 3-4 años.
d) Con 4-5 años.

75. Señala la respuesta incorrecta. En la creación de hábitos para vestirse:

a) Los zapatos deben mantenerse limpios tanto por dentro como por fuera.
b) El calzado debe ser cómodo, a ser posible de materiales sintéticos.
c) Comenzar por ponerse ropas sencillas como camisetas, calzoncillos o bragas.
d) Debemos asegurar que el vestido no dificulte el funcionamiento del aparato digestivo.

76. Cómo se denominan las lombrices intestinales que germinan en el intestino y después de una migración vuelven a implantarse definitivamente en él:

a) Tenia.
b) Oxiuros.
c) Áscaris.
d) Sarna.

77. La xeroftalmia y hemeralopía se produce por un déficit de:

a) Vitamina D.
b) Vitamina B1.

c) Vitamina B2.
d) Vitamina A.

78. En la potomanía la bebida preferida suele ser:

a) Las bebidas muy azucaradas.
b) El agua.
c) El café.
d) La leche.

79. Cómo se denomina el arrancamiento de cabellos (de la cabeza, cejas, pestañas) y su posterior ingestión:

a) Tricotilomanía.
b) Rumiación.
c) Tina.
d) Onicofagia.

80. Cómo se denominan las enfermedades que tienen lugar durante el nacimiento, como las hipoxias o la luxación de cadera:

a) Natales.
b) Perinatales.
c) Postnatales.
d) Prenatales.

81. El juego simbólico, según Piaget:

a) Aparece al año y se prolonga hasta los tres años.
b) Aparece al año y se prolonga hasta los cinco años.
c) Aparece a los dos años de edad y se prolonga hasta los siete años.
d) Aparece a los tres años de edad y se prolonga hasta los ocho años.

82. Durante cuánto tiempo el juego del niño es principalmente espontáneo:

a) Durante los cuatro primeros meses.
b) Durante los seis primeros meses.
c) Durante los nueve primeros meses.
d) Durante el primer año.

83. Cuándo empieza el niño a descubrir las relaciones causa-efecto:

a) Entre los 5 y los 9 meses.
b) Entre los 6 y los 10 meses.
c) Entre los 8 y los 12 meses.
d) Entre el primer y segundo año.

84. Cuál de las siguientes teorías no se sostiene, ya que el juego no sirve solamente para liberar el excedente de energía, sino también para recuperarse, descansar y liberarse de las tensiones psíquicas de la vida diaria, después de haber consumido gran parte de la energía en actividades serias y útiles:

a) La Teoría de la relajación de Lazarus.

b) La Teoría de la recapitulación de Granville Stanley Hall.

c) La Teoría del excedente energético de Herbert Spencer.

d) La Teoría del preejercicio o anticipación funcional de Karl Groos.

85. Cuál de las siguientes teorías no sirve para explicar ni el juego simbólico de los niños ni el juego adulto:

a) La Teoría de la recapitulación de Granville Stanley Hall.

b) La Teoría de la dinámica infantil de Frederic J. J. Buytendijk.

c) La Teoría del juego de Piaget.

d) La Teoría de la derivación por ficción de Édouard Claparède.

86. Quién elige a los profesores y profesoras que formarán parte del Consejo Escolar:

a) El director del centro.

b) El jefe de estudios.

c) El Claustro.

d) El secretario del centro.

87. Cuándo podrá el alumnado ser elegido miembro del Consejo Escolar:

a) A partir del primer curso de educación secundaria obligatoria.

b) A partir del segundo curso de educación secundaria obligatoria.

c) A partir del tercer curso de educación secundaria obligatoria.

d) A partir del cuarto curso de educación secundaria obligatoria.

88. A quién corresponde determinar el número total de miembros del Consejo Escolar y regular el proceso de elección:

a) A las Administraciones educativas.

b) A los Claustros.

c) A los directores de los centros educativos.

d) A los jefes de estudios.

89. Qué artículo del Real Decreto 82/1996, de 26 de enero, por el que se aprueba el Reglamento Orgánico de las Escuelas de Educación Infantil y de los Colegios de Educación Primaria, dispone que la tutoría y orientación de los alumnos formará parte de la función docente:

a) El artículo 45.

b) El artículo 46.

c) El artículo 48.
d) El artículo 50.

90. Señala una de las funciones de los maestros tutores según el art. 46 del Real Decreto 82/1996, de 26 de enero, por el que se aprueba el Reglamento Orgánico de las Escuelas de Educación Infantil y de los Colegios de Educación Primaria:

a) Atender a las dificultades de aprendizaje de los alumnos, para proceder a la adecuación personal del currículo.
b) Orientar y asesorar a los alumnos sobre sus posibilidades educativas.
c) Encauzar los problemas e inquietudes de los alumnos.
d) Todas las respuestas son correctas.

PREGUNTAS DE RESERVA

1. Según la LOPD, ¿por qué normas se regirán los procedimientos en caso de posible vulneración de la normativa de protección de datos tramitados por la AEPD?

a) Por lo dispuesto en el RGPD y en la LOPD.
b) Por lo dispuesto en el RGPD, en la LOPD, por las disposiciones reglamentarias dictadas en su desarrollo y por las normas generales sobre los procedimientos administrativos.
c) Por lo dispuesto en el RGPD, en la LOPD, por las disposiciones reglamentarias dictadas en su desarrollo y, con carácter subsidiario, por las normas de régimen jurídico del sector público.
d) Por lo dispuesto en el RGPD, en la LOPD, por las disposiciones reglamentarias dictadas en su desarrollo y, en cuanto no las contradigan, con carácter subsidiario, por las normas generales sobre los procedimientos administrativos.

2. Los principios en las responsabilidades éticas con la comunidad y la sociedad, son:

a) Comunicaremos de manera abierta y confiable la naturaleza y la extensión de los servicios que ofrecemos.
b) No participaremos en prácticas que infrinjan leyes o reglamentos que protegen a los niños a nuestro cargo.
c) Seremos objetivos y exactos al exponer el conocimiento en el cual basamos la puesta en práctica de nuestras funciones.
d) Todas las respuestas son correctas.

3. ¿Cuánto tiempo suele durar el período de adaptación?

a) Aproximadamente un mes.
b) Unas dos semanas.

c) De tres a cinco semanas.
d) Cuatro días.

4. Las características más destacables de los temas transversales, son:

a) Aparecen en todas las áreas y en sus elementos prescriptivos.
b) Hacen referencia a los problemas y conflictos que se producen en la época actual.
c) Son contenidos relativos fundamentalmente a valores y actitudes.
d) Todas las respuestas son correctas.

5. Cada centro, dentro de su proyecto educativo, elaborará su proyecto lingüístico cada:

a) Cuatro cursos escolares.
b) Tres cursos escolares.
c) Dos cursos escolares.
d) Curso escolar.

Solución al simulacro n.º 7

1. a) La agricultura y ganadería, de acuerdo con la ordenación general de la economía.

2. a) No, pero podrán solicitar al Gobierno la apertura de negociaciones para la celebración de tratados internacionales que tengan por objeto materias de su competencia o interés específico, o por afectar de manera especial a su respectivo ámbito territorial.

3. c) A todas las Diputaciones interesadas o al órgano interinsular correspondiente y a las dos terceras partes de los municipios cuya población represente, al menos, la mayoría del censo electoral de cada provincia o isla.

4. c) La Comisión Mixta de Transferencias Estado-Comunidad Autónoma y la Comisión Mixta de Transferencias Xunta de Galicia-Diputaciones Provinciales.

5. c) 16 personas, entre los que se incluirían no solo representantes de los partidos políticos con representación parlamentaria, sino también personas que pertenecieran a las agrupaciones políticas y sociales que habían realizado aportaciones escritas para la redacción del Estatuto.

6. a) 4 años.

7. c) En cualquier momento del procedimiento anterior al trámite de audiencia.

8. a) El instructor del procedimiento solo podrá rechazar las pruebas propuestas por los interesados cuando sean manifiestamente improcedentes o innecesarias, sin necesidad de resolución motivada.

9. a) No superior a diez días.

10. a) El concurso ordinario.

11. c) 2 años para poder participar en los concursos ordinarios regulados en el artículo 90 de la Ley 2/2015.

12. c) 2 años desde el nombramiento como personal funcionario de carrera.

13. c) El concurso específico.

14. c) Rectificación.

15. a) Adaptar el ordenamiento jurídico español al Reglamento General de Protección de Datos y completar sus disposiciones.

16. a) Cuando el tratamiento de datos personales tenga por objeto la mercadotecnia directa, el interesado tendrá derecho a oponerse en todo momento al tratamiento de los datos personales que le conciernan.

17. c) En este caso, solo será exigible al responsable del tratamiento la satisfacción del derecho de acceso sin dilaciones indebidas.

18. a) Discriminación sexista múltiple.

19. a) Discriminación sexista múltiple.

20. a) Un informe sobre su impacto de género elaborado por el órgano competente en materia de igualdad entre mujeres y hombres.

21. c) Los reglamentos elaborados por la Xunta de Galicia con repercusión en cuestiones de género requerirán un informe, emitido por el Gobierno central, sobre el impacto de género.

22. b) Los servicios de inspección educativa.

23. a) Publicidad.

24. d) Todas las respuestas anteriores son correctas.

25. a) Tratamiento gráfico de las informaciones.

26. d) Todas las respuestas son correctas.

27. b) Comprende el marco legal, económico y organizativo de las diferentes modalidades de atención a la primera infancia.

28. b) De diseño, programación, desarrollo y evaluación de actividades de enseñanza-aprendizaje.

29. d) Todas las respuestas son correctas.

30. c) Es aquel que nos sirve para combinarlo con otro tipo de actividad y juegos.

31. b) Un aula de psicomotricidad.

32. d) Todas las respuestas son correctas.

33. c) Entre los 6 y 12 meses.

34. b) Desarrollar un ambiente con un clima afectivo apropiado para que se resuelvan con éxito todos los conflictos.

35. c) Tanto de los educadores como de los padres.

36. d) Todas las respuestas son correctas.

37. d) Todas las respuestas son correctas.

38. b) Al descubrimiento, exploración y comprensión de aquello que configura la realidad de las niñas y de los niños, considerando sus múltiples relaciones e interdependencias.

39. c) Proyecto educativo de centro.

40. a) Es el documento que recoge las decisiones de todo el centro con relación a las opciones educativas y a la organización del mismo.

41. c) Decreto 79/2010, de 20 de mayo.

42. d) Participación y colaboración de las familias en la formulación del marco normativo para la enseñanza no universitaria.

43. b) El centro educativo.

44. c) Las dos lenguas oficiales de Galicia.

45. b) Currículo oculto.

46. d) Currículo implícito.

47. a) Crear un sistema de registro estatal de todos los casos de violencia contra la infancia y adolescencia.

48. b) Facilitar formación a las familias responsables de la atención y crianza de niños, niñas y adolescentes.

49. b) Ampliar la accesibilidad y cobertura de los recursos de atención especializada y multidisciplinar.

50. d) Actualizar las estrategias de actuación para adaptarlas a nuevas necesidades sociales, incluyendo la protección de menores expuestos a la violencia de género.

51. b) Un mínimo de ocho horas diarias para cubrir las necesidades de conciliación familiar.

52. c) Cumplir con las exigencias establecidas en la regulación técnico-sanitaria para comedores colectivos.

53. c) Según los establecimientos que les den soporte y su tipología.

54. c) Están dirigidos prioritariamente a ayuntamientos con baja población infantil o circunstancias socio-económicas específicas.

55. c) Proporcionar un servicio de atención asistencial no continuada para niños de 2 a 8 años, con flexibilidad y garantías de seguridad.

56. c) La solicitud de la intervención de la jefatura del departamento de orientación en el caso de alumnado en el que se detecten dificultades de aprendizaje o situaciones que requieran una valoración especializada, colaborando en el proceso de evaluación psicopedagógica y en la aplicación de las medidas que se propongan y de los informes que se requieran.

57. b) La participación en las estrategias de coordinación entre el equipo docente, bajo la dirección del profesorado tutor.

58. a) El Departamento de Orientación de los centros docentes.

59. a) La evaluación inicial.

60. c) La evaluación psicopedagógica.

61. c) A partir de los 18 meses.

62. a) En el seno de la familia.

63. d) El trabajo de los padres.

64. a) El orden de nacimiento.

65. b) A los 18 meses.

66. d) Todas las respuestas son correctas.

67. d) Interviene en el transporte y depósito de oxígeno de los tejidos.

68. a) Sacarosa

69. a) Legumbres, cereales y tubérculos

70. b) Son beneficiosos para la salud.

71. a) Un circuito de limpio-sucio

72. d) Aprender a usar la papelera

73. c) A los 3-4 años

74. a) Con 1-2 años

75 b) El calzado debe ser cómodo, a ser posible de materiales sintéticos

76. c) Áscaris.

77. d) Vitamina A.

78. b) El agua.

79. a) Tricotilomanía.

80. b) Perinatales.

81. c) Aparece a los dos años de edad y se prolonga hasta los siete años.

82. a) Durante los cuatro primeros meses.

83. c) Entre los 8 y los 12 meses.

84. c) La Teoría del excedente energético de Herbert Spencer.

85. a) La Teoría de la recapitulación de Granville Stanley Hall.

86. c) El Claustro.

87. a) A partir del primer curso de educación secundaria obligatoria.

88. a) A las Administraciones educativas.

89. a) El artículo 45.

90. d) Todas las respuestas son correctas.

PREGUNTAS DE RESERVA

1. d) Por lo dispuesto en el RGPD, en la LOPD, por las disposiciones reglamentarias dictadas en su desarrollo y, en cuanto no las contradigan, con carácter subsidiario, por las normas generales sobre los procedimientos administrativos.

2. d) Todas las respuestas son correctas.

3. b) Unas dos semanas.

4. d) Todas las respuestas son correctas.

5. a) Cuatro cursos escolares.

1. Determina cuál de las siguientes competencias se configura como exclusiva del Estado en los términos del artículo 149 de la CE:

a) Artesanía.
b) Acuicultura.
c) Asistencia social.
d) Régimen aduanero y arancelario; comercio exterior.

2. En los Estatutos aprobados por el procedimiento a que se refiere el artículo 151 de la CE, la organización institucional autonómica se basará:

a) En una Asamblea Legislativa, elegida por sufragio universal, con arreglo a un sistema de representación proporcional que asegure, además, la representación de las diversas zonas del territorio; un Consejo de Gobierno con funciones ejecutivas y administrativas y un Presidente que ostentará la suprema representación de la respectiva Comunidad y la ordinaria del Estado en aquella.

b) En una Asamblea Legislativa, elegida por sufragio universal, con arreglo a un sistema de representación territorial que asegure, además, la representación de las diversas zonas del territorio; un Consejo de Gobierno con funciones legislativas y judiciales y un Presidente que ostentará la suprema representación de la respectiva Comunidad y la ordinaria del Estado en aquella.

c) En una Asamblea Legislativa, elegida por sufragio universal, con arreglo a un sistema de representación electoral que asegure, además, la representación de las diversas zonas del territorio; un Consejo de Gobierno con potestad únicamente reglamentaria y un Presidente que ostentará la suprema representación de la respectiva Comunidad y la ordinaria del Estado en aquella.

d) Ninguna es correcta.

3. ¿Quién es competente, según el artículo 150 para atribuir a todas o a alguna de las Comunidades Autónomas la facultad de dictar, para sí mismas, normas legislativas en el marco de los principios, bases y directrices fijados por una ley estatal?

a) El Congreso de los Diputados.
b) Las Cortes Generales.
c) Las Asambleas Legislativas de las Comunidades Autónomas.
d) El Congreso de los Diputados.

4. Para ser elegido, el candidato a la presidencia de la Xunta deberá, en primera votación, obtener:

a) Mayoría simple.
b) Mayoría absoluta.
c) Mayoría simple o absoluta, dependiendo del número de escaños obtenidos.
d) Ninguna respuesta es correcta.

5. Si el candidato a la presidencia de la Xunta no obtiene la presidencia en la primera votación, se procederá a una nueva votación:

a) 24 horas después de la anterior, y la confianza se entenderá otorgada si obtuviera mayoría simple.
b) 3 días después de la anterior, y la confianza se entenderá otorgada si obtuviera mayoría absoluta.
c) 7 días después de la anterior, y la confianza se entenderá otorgada si obtuviera mayoría simple.
d) 7 días después de la anterior, y la confianza se entenderá otorgada si obtuviera mayoría absoluta.

6. La Comunidad Autónoma:

a) Podrá celebrar convenios con otras Comunidades Autónomas para la gestión y prestación de servicios propios de la exclusiva competencia de las mismas.
b) No podrá celebrar convenios con otras Comunidades Autónomas para la gestión y prestación de servicios propios de la exclusiva competencia de las mismas.
c) De forma excepcional, podrá celebrar convenios con otras Comunidades Autónomas para la gestión y prestación de servicios propios de la exclusiva competencia de las mismas.
d) Solo con autorización de las Cortes Generales, podrá celebrar convenios con otras Comunidades Autónomas para la gestión y prestación de servicios propios de la exclusiva competencia de las mismas.

7. Salvo que una disposición o el cumplimiento del resto de los plazos del procedimiento permita o exija otro plazo mayor o menor, los informes serán emitidos en el plazo de:

a) Diez días.
b) Quince días.
c) Veinte días.
d) Un mes.

8. ¿De qué plazo disponen los interesados en un procedimiento administrativo para alegar y presentar los documentos y justificaciones que estimen pertinentes?

a) De un plazo no inferior a cinco días ni superior a diez.
b) De un plazo no inferior a diez días ni superior a quince.

c) De un plazo no inferior a diez días ni superior a veinte.

d) De un plazo no inferior a diez días ni superior a un mes.

9. Al conjunto ordenado de trámites y actuaciones formalmente realizadas, según el cauce legalmente previsto, para dictar un acto administrativo o expresar la voluntad de la Administración, se le denomina:

a) Expediente administrativo.

b) Régimen jurídico.

c) Procedimiento administrativo.

d) Instrucción del procedimiento.

10. Para participar en los concursos específicos es requisito necesario una antigüedad mínima de:

a) Un año como personal funcionario de carrera.

b) Dos años como personal funcionario de carrera.

c) Tres años como personal funcionario de carrera.

d) Cuatro años como personal funcionario de carrera.

11. Los puestos de trabajo obtenidos por el procedimiento de concurso específico serán objeto de una valoración cada:

a) Año.

b) Tres años

c) Cinco años.

d) Siete años.

12. El personal funcionario de carrera puede ser adscrito a un puesto de trabajo en comisión de servicios forzosa por un plazo:

a) Mínimo de 3 meses.

b) Máximo de 3 meses.

c) Mínimo de 6 meses.

d) Máximo de 1 año.

13. En los casos de fallecimiento, accidente o enfermedad graves, hospitalización o intervención quirúrgica sin hospitalización que precise reposo domiciliario del cónyuge o pareja de hecho o de un familiar dentro del primer grado de consanguinidad o afinidad, el personal funcionario tiene derecho a un permiso de:

a) 1 día hábil si el suceso se produce en la misma localidad y de 5 días hábiles si se produce en distinta localidad.

b) 3 días hábiles si el suceso se produce en la misma localidad y de 5 días hábiles si se produce en distinta localidad.

c) 3 días hábiles si el suceso se produce en la misma localidad y de 4 días hábiles si se produce en distinta localidad.

d) 4 días hábiles si el suceso se produce en la misma localidad y de 5 días hábiles si se produce en distinta localidad.

14. Conforme al artículo 81 de la LO 3/2018, se garantizará para toda la población un acceso universal a internet, asequible, de calidad y:

a) Gratuito.
b) Seguro.
c) Estable.
d) No discriminatorio.

15. ¿Quién tiene la competencia para regular los "procedimientos en caso de posible vulneración de la normativa de protección de datos"?

a) El Presidente del Gobierno.
b) La Presidencia de la Agencia Española de Protección de Datos (AEPD).
c) El Gobierno.
d) El Parlamento.

16. En caso de que no se hubiera atendido la solicitud de ejercicio del derecho al olvido reconocido en el Reglamento General de Protección de Datos (RGPD):

a) Resulta de aplicación el procedimiento en caso de posible vulneración de la normativa de protección de datos tramitado por la AEPD.

b) El afectado puede interponer recurso de reposición ante el Director/a de la AEPD.

c) El afectado podrá interponer directamente un recurso contencioso-administrativo ante la Sala de lo Contencioso-Administrativo de la Audiencia Nacional.

d) Resulta de aplicación el procedimiento en caso de posible vulneración de la normativa de protección de datos tramitado por la AEPD o podrá interponerse recurso de reposición ante el Tribunal Supremo.

17. Según el art. 63 de la Ley Orgánica 3/2018, de 5 de diciembre, de Protección de Datos Personales y garantía de los derechos digitales (LOPD), ¿en qué supuestos resultan de aplicación los "procedimientos en caso de posible vulneración de la normativa de protección de datos" tramitados por la AEPD?

a) En los supuestos en los que un afectado reclame que no ha sido atendida su solicitud de ejercicio de los derechos reconocidos en los arts. 10 a 25 del Reglamento (UE) 2016/679, así como en los que la Agencia investigue la existencia de una posible infracción de la LOPD.

b) En los supuestos en los que un afectado reclame que no ha sido atendida su solicitud de ejercicio de los derechos reconocidos en los arts. 15 a 22 del Reglamento (UE) 2016/679, así como en los que la Agencia investigue la existencia de una posible infracción de lo dispuesto en el Reglamento (UE) 2016/679 y en la LOPD.

c) En los supuestos en los que un afectado reclame que no ha sido atendida su solicitud de ejercicio de los derechos reconocidos en la LOPD.

d) En los supuestos en los que un afectado reclame que no ha sido atendida su solicitud de ejercicio de los derechos reconocidos en los arts. 12 a 25 del Reglamento (UE) 2016/679, así como en los que la Agencia investigue la existencia de una posible infracción de lo dispuesto en el Reglamento (UE) 2016/679 y en la LOPD.

18. El informe sobre el impacto de género:

a) Es vinculante cuando provenga del Gobierno central.

b) No será vinculante. No obstante, en caso de que no se acepten las consideraciones y recomendaciones contenidas en el mismo, el órgano encargado de la tramitación habrá de dejar constancia de las razones que justifican que el informe no se adopte.

c) No es vinculante, de ninguna forma, es una simple recomendación.

d) Es vinculante si proviene de un órgano de la Xunta de Galicia.

19. Si, emitido el informe de impacto de género, durante la tramitación administrativa de un plan de especial relevancia económica, social o cultural, de un reglamento o de un proyecto de ley, surgieran sospechas de un posible impacto de género negativo por la incorporación de nuevas medidas o disposiciones se:

a) Debe paralizar la tramitación.

b) Podrá solicitar un informe complementario al órgano competente en materia de igualdad.

c) Debe pedir consejo al órgano competente en materia de igualdad.

d) Debe dar por finalizada la posibilidad de tramitación iniciada.

20. El órgano competente en materia de estadística de la Comunidad Autónoma elaborará y publicará una cuenta satélite de producción doméstica en que:

a) Se cuantificará el valor económico del trabajo doméstico, de cuidados y comunitario realizado por mujeres y hombres sin reflejo en el producto interior bruto y en la renta disponible bruta del sector hogares.

b) Se detallará el valor económico del trabajo doméstico, de cuidados y comunitario realizado por mujeres y hombres sin reflejo en el producto interior bruto y en la renta disponible bruta del sector hogares.

c) Se explicará el valor económico del trabajo doméstico, de cuidados y comunitario realizado por mujeres y hombres sin reflejo en el producto interior bruto y en la renta disponible bruta del sector hogares.

d) Se dará a conocer el valor económico del trabajo doméstico, de cuidados y comunitario realizado por mujeres y hombres sin reflejo en el producto interior bruto y en la renta disponible bruta del sector hogares.

21. Para elaborar la cuenta satélite de producción doméstica será necesario:

a) Disponer previamente de una encuesta de empleo del tiempo, que habrá de incluirse en la programación estadística de la Comunidad Autónoma.

b) Disponer posteriormente de una encuesta de empleo del tiempo, que habrá de incluirse en la programación estadística de la Comunidad Autónoma.

c) Disponer previamente de una encuesta de conciliación, que habrá de incluirse en la programación estadística de la Comunidad Autónoma.

d) Disponer previamente de una encuesta de satisfacción con la vida, que habrá de incluirse en la programación estadística de la Comunidad Autónoma.

22. La Administración pública:

a) Promoverá acuerdos de autorregulación que, contando con mecanismos de control preventivo y de resolución extrajudicial de controversias eficaces, contribuyan al cumplimiento de la legislación publicitaria.

b) Tolerará acuerdos de autorregulación que, contando con mecanismos de control preventivo y de resolución extrajudicial de controversias eficaces, contribuyan al cumplimiento de la legislación publicitaria.

c) No permitirá acuerdos de autorregulación que, contando con mecanismos de control preventivo y de resolución extrajudicial de controversias eficaces, contribuyan al cumplimiento de la legislación publicitaria.

d) De forma excepcional, permitirá acuerdos de autorregulación que, contando con mecanismos de control preventivo y de resolución extrajudicial de controversias eficaces, contribuyan al cumplimiento de la legislación publicitaria.

23. Promoverán e impulsarán actuaciones de los profesionales sanitarios para la detección precoz de la violencia de género y propondrán las medidas que estimen necesarias a fin de optimizar la contribución del sector sanitario en la lucha contra este tipo de violencia:

a) Las Administraciones sanitarias, en el seno del Consejo Interterritorial del Sistema Nacional de Salud.

b) Las Administraciones sanitarias, en el seno del Consejo Nacional del Sistema Nacional de Salud.

c) Las Administraciones sanitarias, en el seno del Comité Ordinario del Sistema Nacional de Salud.

d) Las Consejerías, en el seno del Consejo Interterritorial del Sistema Nacional de Salud.

24. Establece literalmente la normativa que las Administraciones educativas competentes asegurarán que se incorporen contenidos dirigidos a la capacitación para la prevención, la detección precoz, intervención y apoyo a las víctimas de esta forma de violencia en los ámbitos curriculares de:

a) Las licenciaturas.

b) Las diplomaturas.

c) Los programas de especialización de las profesiones sociosanitarias.
d) Todas las respuestas anteriores son correctas.

25. En los Planes Nacionales de Salud que procedan se contemplará un apartado de:

a) Igualdad de género.
b) Prevención de la igualdad.
c) Prevención e intervención integral en violencia de género.
d) Agresiones de todo tipo.

26. Para favorecer y fomentar la protección y la salud de niños y niñas y tener en cuenta el medio y los espacios:

a) Hay que tener en cuenta la actividad lúdica del niño como marco básico para la construcción del conocimiento.
b) Hay que Facilitar vínculos de apegos estables, incondicionales, armónicos.
c) Hay que organizar entornos seguros, limpios y saludables.
d) Ninguna de las respuestas es correcta.

27. Para estimular y favorecer la seguridad emocional y la autoestima, priorizar el establecimiento del autoconcepto y la generación de adecuados y sólidos vínculos de apego, es necesario:

a) Priorizar la disponibilidad de tiempos para interacciones lúdicas e íntimas.
b) Facilitar comportamientos autónomos y de asunción de responsabilidades.
c) Mantener la coherencia en el desarrollo de los ritmos y actividades.
d) Todas las respuestas son correctas.

28. La ética profesional hace referencia:

a) Al conjunto de principios morales que regulan una actividad profesional.
b) al conjunto de normas morales que regulan una actividad profesional.
c) Al conjunto de principios y normas morales que regulan una actividad profesional.
d) Ninguna de las respuestas es correcta.

29. ¿En qué código se basa la ética profesional?

a) En el Código ético de educadores infantiles.
b) En el código de conducta ética elaborado por la *National Association for the Education of Young Children* (NAEYC) y aprobado por la Asociación Internacional de Educación Infantil.
c) No hay ningún código ético específico.
d) En el mismo código ético que las demás ramas profesionales.

30. El material que se usa en la Educación Infantil es:

a) El que traen los niños y niñas al centro.
b) Es muy variado y va encaminado al desarrollo de las áreas manipulativa, motriz, sensorial, cognitiva, social, afectiva, etc.

c) Es muy limitado y va encaminado al desarrollo de las áreas manipulativa, motriz, sensorial, cognitiva, social, afectiva, etc.

d) Es muy limitado y va encaminado al desarrollo del área cognitiva.

31. ¿Cuál de los siguientes no es un criterio para la selección del material en el aula?

a) Todos los materiales han de favorecer el proceso-aprendizaje.

b) No es necesario que se adecue a la edad evolutiva del niño.

c) Estimularán la imaginación y la creatividad.

d) No han de ser tóxicos o peligrosos para el niño.

32. ¿Qué aspectos es importante cubrir en el momento de elegir materiales para el juego?

a) Los que contribuyen al desarrollo físico y favorecen la imaginación, la creatividad y la expresión.

b) Los que ayudan al desarrollo intelectual.

c) Los que satisfacen las relaciones sociales y potencian la actividad lúdica.

d) Todas las respuestas son correctas.

33. Es importante que los padres conozcan lo que deben hacer antes de comenzar con el período de adaptación, ¿Cuál de los siguientes no es un aspecto favorable?

a) Transmitir angustia.

b) Visitar la escuela.

c) No alargar las despedidas.

d) Hablar favorablemente de la escuela.

34. ¿Cuáles son los objetivos que la Educación Infantil plantea?

a) Hacer que los niños se sientan miembros de los grupos a los que pertenece.

b) Apreciar y establecer vínculos fluidos de relación con sus iguales y los adultos con quienes conviven.

c) Fomentar y educar en la convivencia social, y promover el respeto a la variedad y la pluralidad, como fuente de enriquecimiento.

d) Todas las respuestas son correctas.

35. ¿Cuál de las siguientes líneas no pertenece al proceso de período de adaptación?

a) Despedidas rápidas sin presencia de padres en el aula.

b) Una adaptación de manera gradual.

c) Ir introducción nuevos hábitos.

d) Evaluación y posible replanteamiento e informes a los padres.

36. El primer paso para organizar el periodo de adaptación cuenta con:

a) Los padres.
b) Los niños.
c) Claustro solo de docentes.
d) Ninguna de las respuestas es correcta.

37. ¿Dónde se recoge la regulación del proyecto educativo?

a) En el artículo 9 del Decreto 150/2022, de 8 de septiembre.
b) En el Art. Único 4 de la Ley Orgánica 3/2020.
c) En La LOE dedica el artículo 121 (modificado por LOMLOE).
d) Todas las respuestas son correctas.

38. ¿Qué se entiende por "currículo"?

a) La LOE en su artículo 6 da la siguiente definición de currículo: "A los efectos de lo dispuesto en esta Ley, se entiende por currículo el conjunto de objetivos, competencias, contenidos, métodos pedagógicos y criterios de evaluación de cada una de las enseñanzas reguladas en la presente Ley".
b) La LOMLOE en su artículo 16 da la siguiente definición de currículo: "A los efectos de lo dispuesto en esta Ley, se entiende por currículo el conjunto de objetivos, competencias, contenidos, métodos pedagógicos y criterios de evaluación de cada una de las enseñanzas reguladas en la presente Ley".
c) La LOE en su artículo 15 da la siguiente definición de currículo: "A los efectos de lo dispuesto en esta Ley, se entiende por currículo el conjunto de objetivos y criterios de evaluación de cada una de las enseñanzas reguladas en la presente Ley".
d) La LOMLOE en su artículo 6 da la siguiente definición de currículo: "A los efectos de lo dispuesto en esta Ley, se entiende por currículo el conjunto de objetivos, competencias, contenidos y criterios de evaluación de cada una de las enseñanzas reguladas en la presente Ley".

39. "El conjunto de decisiones articuladas, compartidas por el equipo docente de un centro educativo, tendente a dotar de mayor coherencia su actuación, concretando el "Diseño Curricular Base" en propuestas globales de intervención didáctica, adecuadas a un contexto específico", es lo que llamamos:

a) Currículo.
b) Proyecto curricular.
c) Evaluación curricular.
d) Las respuestas a y c son correctas.

40. Según Del Carmen y Zabala las finalidades del proyecto curricular son las siguientes:

a) Contribuir a la continuidad y coherencia de la actuación educativa del equipo de profesoras y profesores que imparten la docencia en los distintos niveles educativos.
b) Expresar los criterios y acuerdos realmente compartidos por el conjunto del profesorado.

c) Adaptar y desarrollar las propuestas del Diseño Curricular Base (actualmente, Real Decreto de enseñanzas mínimas), en cuanto proyecto social de educación, a las características específicas del centro (primordialmente: contexto sociocultural, finalidades educativas del centro y características de los alumnos, profesores y centro).

d) Todas las respuestas son correctas.

41. En Educación Secundaria Obligatoria, se impartirá en castellano:

a) Ciencias Sociales.
b) Geografía e Historia.
c) Biología y Geología.
d) Física y Química.

42. ¿Cada cuánto tiempo, cada centro educativo, según el procedimiento establecido en el reglamento de centros, establecerá una oferta equilibrada en el mismo porcentaje de asignaturas comunes, de modalidad y optativas para impartir en gallego y en castellano en Bachillerato?

a) Cada cuatro cursos escolares.
b) Cada tres cursos escolares.
c) Cada dos cursos escolares.
d) Cada curso escolar.

43. La potenciación de la lengua gallega en los centros contará con líneas de especial actuación que permitan un incremento en el uso del gallego en:

a) Clases de lengua y literatura gallega y castellana.
b) Lengua extranjera.
c) Asignaturas obligatorias.
d) Actividades extraescolares y complementarias.

44. Para potenciar el uso de la lengua gallega en los centros sostenidos con fondos públicos, se constituirá un equipo de dinamización de la lengua gallega:

a) Nombrado y supervisado por la consellería competente en materia de educación.
b) Nombrado y supervisado por la dirección del centro.
c) Formado por el coordinador(a), por profesorado, por representantes del alumnado, para todos los niveles no universitarios, y por personal no docente.
d) Liderado por la Secretaría General de Política Lingüística.

45. ¿Qué artículos del Decreto 150/2022, de 8 de septiembre recogen los principios de intervención en la práctica educativa en esta etapa buscarán desarrollar y asentar progresivamente las bases que faciliten el máximo desarrollo de cada niña y de cada niño?

a) 6 y 7.
b) 11 y 12.

c) 15 y 16.
d) 21 y 22.

46. La Guía coeducativa para centros escolares de Galicia propone una serie de actividades a tener en cuenta en la práctica cotidiana en la etapa de infantil, con la intención de que el profesorado lleve a cabo tareas concretas para educar al alumnado libre de estereotipos de género. Indica cuál de las siguientes no es un área que se incluya en dicha Guía:

a) Educar en igualdad en el aula.
b) La convivencia en los centros educativos.
c) Sexismo en la sociedad y en la escuela.
d) Coeducación afectiva desde el ámbito educativo.

47. ¿Qué principios deben regular la aplicación del protocolo de actuación contra el maltrato infantil?

a) La participación activa de los menores en las decisiones judiciales.
b) La asignación de recursos financieros específicos para las víctimas de maltrato.
c) La protección de la privacidad de los agresores para promover su rehabilitación.
d) El interés superior del menor, garantizando su consideración primordial como titulares de derechos y reconociendo la separación de sus familias solo como último recurso.

48. ¿Cuál es una de las medidas generales establecidas por el Protocolo para combatir el maltrato infantil?

a) Implementar un sistema universal de salud mental para todos los menores.
b) Realizar campañas informativas de prevención y sensibilización sobre el maltrato infantil.
c) Crear programas de intercambio cultural para niños y adolescentes.
d) Establecer un currículo académico uniforme en todas las escuelas sobre derechos infantiles.

49. Según el Protocolo básico de intervención contra el maltrato infantil, ¿qué se debe garantizar para atender adecuadamente a los niños y niñas víctimas de maltrato infantil?

a) La creación de parques y áreas recreativas en cada comunidad.
b) La provisión de asesoramiento legal gratuito para todas las familias.
c) La creación y/o dotación de recursos humanos y materiales a los equipos especializados que trabajan con menores de edad.
d) Un programa de intercambio internacional para menores afectados por maltrato.

50. ¿Qué establece el Protocolo básico de intervención contra el maltrato infantil respecto a la formación de profesionales involucrados en la detección y notificación del maltrato infantil?

a) Obliga a todos los profesionales a pasar por un proceso de selección riguroso.

b) Requiere que todos los educadores obtengan una certificación en psicología infantil.

c) Garantiza la formación de todos los profesionales para asumir la detección y notificación de los casos de maltrato.

d) Impone la necesidad de que los profesionales publiquen investigaciones anuales sobre maltrato infantil.

51. ¿Qué característica deben tener los vidrios en los centros de atención a la infancia?

a) Deben ser tintados para reducir la luz solar directa.

b) Deben ser decorativos para estimular la creatividad de los niños.

c) Deben ser irrompibles por debajo de 150 cm para garantizar la seguridad.

d) Deben permitir la visualización completa del exterior para promover la curiosidad.

52. ¿Cuál es el objetivo principal de los servicios complementarios de atención a la infancia?

a) Proporcionar un espacio exclusivo para el desarrollo de habilidades artísticas.

b) Ofrecer programas intensivos de idiomas extranjeros.

c) Dar apoyo a las familias en el cuidado de los niños.

d) Ninguna de las anteriores es correcta.

53. ¿Qué se requiere para el cese en la actividad complementaria que no suponga el cese del centro que le da soporte?

a) Permiso específico del órgano competente.

b) Permiso específico, al igual que su implantación en un momento distinto al de la creación del centro.

c) Un análisis detallado de impacto social presentado a la comunidad local.

d) Una revisión anual del rendimiento y satisfacción del usuario.

54. ¿Qué se establece en relación con los libros de reclamaciones en los centros regulados?

a) Deben ser presentados mensualmente a la autoridad local para su revisión.

b) Deben incluir sugerencias de los padres para mejorar los servicios.

c) Serán diligenciados por la dirección general competente en materia de familia una vez concedido el permiso de actividades.

d) Deben ser digitalizados y accesibles en línea para facilitar las reclamaciones.

55. ¿Cuál es la superficie mínima que debe tener una sala-dormitorio en el servicio nocturno de atención y cuidado?

a) 10 m² por niño para garantizar el máximo confort.
b) 5 m² por niño para optimizar el espacio disponible.
c) 3 m² por niño con un mínimo de 20 m² para asegurar el descanso adecuado.
d) 15 m² por niño para proporcionar un espacio de lujo.

56. El informe psicopedagógico resultante de una evaluación psicopedagógica tiene carácter:

a) Permanente.
b) Continuo.
c) Indefinido.
d) Revisable.

57. Constituyen el referente básico a efectos de la escolarización:

a) Los centros docentes ordinarios.
b) Los centros docentes específicos.
c) Los centros docentes no ordinarios.
d) Los centros docentes privados-concertados.

58. ¿Cómo se denominan las unidades creadas o autorizadas en centros docentes ordinarios para atender, exclusivamente, a alumnado con necesidades educativas especiales cuando, en el dictamen de escolarización, se considere la medida más adecuada, dada la necesidad de recursos específicos o excepcionales que precise?

a) Unidades de atención preferente.
b) Unidades de educación especial.
c) Unidades de atención temprana.
d) Unidades de educación ordinaria.

59. ¿Cómo se denominan las medidas educativas que facilitan la adecuación del currículo prescriptivo, sin alteración significativa de sus objetivos, contenidos y criterios de evaluación, al contexto sociocultural de los centros educativos y a las características del alumnado?

a) Medidas de adaptación curricular.
b) Medidas ordinarias de atención a la diversidad.
c) Medidas de diversidad inclusiva.
d) Medidas extraordinarias de atención curricular.

60. ¿Qué situación condiciona una mayor vulnerabilidad frente a las condiciones adversas del medio y las agresiones, por lo que cualquier causa que provoque una alteración en la normal adquisición de los hitos que son propios de los primeros estadios evolutivos puede poner en peligro el desarrollo armónico posterior?

a) La situación de plasticidad.
b) La situación ordinaria.
c) La situación de maduración.
d) La situación especial.

61. La identidad sexual está determinada por diferentes factores. De los siguientes, cual no es uno de ellos:

a) Factores biológicos.
b) Factores psicológicos.
c) Factores sociales.
d) Factores epidemiológicos.

62. A la presencia de pene y escroto en los varones y de vagina y clítoris en las mujeres se le denomina:

a) Generidad.
b) Genitalidad.
c) Identidad sexual.
d) Sexología.

63. Está causado por múltiples factores que da lugar a la preferencia por la persona o estímulo que excita sexualmente a otro. Es la tendencia a sentirse atraído sexualmente por personas del sexo opuesto (heterosexualidad), por personas del mismo sexo (homosexualidad) o por ambos sexos (bisexualidad). Este proceso se denomina:

a) Identidad sexual.
b) Bagaje sexual.
c) Orientación sexual.
d) Diferencia sexual.

64. La identidad de género:

a) No es algo determinado genética, ni hormonalmente.
b) Es algo determinado genéticamente, pero no hormonalmente.
c) No es algo determinado genéticamente, pero sí hormonalmente.
d) Es algo determinado genéticamente y hormonalmente.

65. Señala cómo se denomina el fenómeno en el que la columna vertebral se desarrolla de forma anormal antes de que nazca el bebé, varias vértebras se pueden fusionar entre sí o los huesos se pueden formar inadecuadamente:

a) Cromatosis congénita.
b) Cifosis congénita.
c) Colegínosis congénita.
d) Ficodisis congénita.

66. El nutritente que actúa como aislante térmico contra el frío y de envoltorio protector de órganos vitales se denomina:

a) Grasa.
b) Glúcido.
c) Proteína.
d) Vitamina.

67. ¿Qué porcentaje calórico de proteínas se recomienda por los expertos?

a) El 12 y el 15% del total calórico proceda de las proteínas, debiendo ser al menos el 40 % de estas de origen animal (lo óptimo es un 50 %).
b) El 15 y el 17% del total calórico proceda de las proteínas, debiendo ser al menos el 40 % de estas de origen animal (lo óptimo es un 50 %).
c) El 15 y el 15% del total calórico proceda de las proteínas, debiendo ser al menos el 30 % de estas de origen animal (lo óptimo es un 40 %).
d) El 12 y el 15% del total calórico proceda de las proteínas, debiendo ser al menos el 30 % de estas de origen animal (lo óptimo es un 40 %).

68. El grupo de las vitaminas hidrosolubles engloba:

a) Las vitaminas K1, B1, B12 y ácido fólico.
b) Las vitaminas A y D.
c) Las vitaminas A, D, E y K.
d) La vitamina C y las del complejo B (B1, B2, B3, B5, B6, B8, B9 y B12).

69. La vitamina esencial para la formación de las células sanguíneas, participa en el metabolismo del ADN, ARN y proteínas, reduce las enfermedades cardiovasculares, estimula la formación de ácidos digestivos y disminuye el riesgo de aparición de defectos del tubo neural del feto como la espina bífida y la anencefalia se denomina:

a) Piridoxina
b) Biotina
c) Ácido fólico
d) Ácido pantonténico

70. El recién nacido sano y alerta es capaz de cogerse al pecho sin necesidad de ayuda específica:

a) Durante los primeros minutos tras el parto.
b) Durante la primera media hora tras el parto.
c) Durante la primera hora tras el parto.
d) Durante el día siguiente al parto.

71. Las fases del sueño son:

a) Estado de adormecimiento y sueño REM.
b) Estado de adormecimiento y sueño no REM.
c) Estado de presueño, sueño REM y sueño no REM.
d) Estado REM y estado no REM.

72. La manifestación de hipotonía muscular se detecta en la fase de:

a) Presueño.
b) Sueño REM.
c) Sueño no REM.
d) Preensoñación.

73. ¿Cuántas horas duerme aproximadamente un recién nacido?

a) 20 horas diarias.
b) 16 horas diarias.
c) 14 horas diarias.
d) 8 horas diarias.

74. ¿Con qué edad el niño/a duerme 14 horas por día, 12 de las cuales son de noche, con dos siestas diarias de una hora cada una?

a) En el segundo trimestre, de 3 a 6 meses.
b) En el tercer trimestre, de 6 a 9 meses.
c) En el cuarto trimestre, de 9 a 12 meses.
d) Con 1 a 3 años.

75. ¿Con qué edad la mayoría de los niños/as duermen durante toda la noche?

a) Hacia las 12 semanas.
b) Hacia las 18 semanas.
c) Hacia las 22 semanas.
d) Hacia las 28 semanas.

76. Cuál es el periodo de mayor ocurrencia de la pica:

a) El primer año de vida.
b) Entre los 2 y 4 años.
c) Entre los 3 y 6 años.
d) Entre los 4 y 9 años.

77. Señala la respuesta incorrecta respecto a la acetona:

a) Para tratarlo se recomienda administrarle al niño agua con bicarbonato.
b) Su causa principal es por el ayuno o a una aceleración del metabolismo cuando el niño tiene fiebre.
c) En los niños que tienen fiebre o vomitan es muy común el olor a acetona, parecido al de las manzanas reineta.
d) Es una sustancia que se produce en el organismo cuando las grasas se queman de forma incompleta.

78. ¿Cómo se denomina la incapacidad de alinear ambos ojos correctamente por lo que solo se recoge la información a través de un ojo mientras que el otro permanece inactivo?

a) Daltonismo.
b) Nistagmus.
c) Estrabismo.
d) Ambliopía.

79. ¿Cuándo comienza la ictericia?

a) A las pocas horas de nacer.
b) A las 24 horas de nacer.
c) Entre el 3.º y el 7.º día de vida.
d) Al mes de nacer.

80. La relación compresiones-ventilación, en la edad pediátrica, es:

a) 30:1.
b) 15:2.
c) 30:2.
d) 20:2.

81. En qué estadio según Piaget se mantiene el juego de reglas:

a) En el estadio sensoriomotor.
b) En el estadio preoperacional.
c) En el estadio de las operaciones formales.
d) En ninguna de los anteriores.

82. En qué teoría se clasifican los juegos en función de la exigencia predominante que su práctica hace de elementos de fuerza física, azar o estrategia:

a) En la Teoría del juego de Vygotsky y Elkonin.
b) En la Teoría de la enculturación de Sutton-Smith y Robert.
c) En la Teoría del juego de Piaget.
d) En la teoría de la dinámica infantil de Frederic J. J. Buytendijk.

83. Cuál de las siguientes teorías explica el juego infantil pero no da respuesta al juego en otras etapas del desarrollo como son la adolescencia o la edad adulta:

a) La Teoría de la enculturación de Sutton-Smith y Robert.
b) La teoría de la dinámica infantil de Frederic J. J. Buytendijk.
c) La Teoría del juego de Vygotsky y Elkonin.
d) La Teoría del juego de Piaget.

84. Señala cuál de los siguientes es un juego no reglado según Jean Chateau:

a) Los juegos de construcción.
b) Los juegos de imitación.
c) Los juegos de regla arbitraria.
d) Los juegos hedonísticos.

85. Quién estableció que una de las características del juego es un elemento de expresión del niño y descubrimiento de sí mismo y del mundo:

a) José Luis Pinillos.
b) Maite Garaibordobil Landazabal.
c) María Rosa Álvarez Prada.
d) José Antonio Oñederra.

86. Quién coordina el trabajo de los Tutores y mantiene las reuniones periódicas necesarias para el buen funcionamiento de la acción tutorial:

a) El director del centro.
b) El Jefe de estudios.
c) El secretario del centro.
d) El Claustro.

87. Cuántos representantes del personal de administración y servicios del centro forman parte del Consejo Escolar:

a) Uno.
b) Dos.
c) Tres.
d) Cuatro.

88. Señala la respuesta incorrecta respecto a las AMPAS (Asociación de madres y padres de alumnos):

a) Se regulan en base a lo dispuesto en el Real Decreto 1533/1986, de 11 de julio, por el que se regulan las Asociaciones de Padres de Alumnos.

b) Asisten a los padres de alumnos en el ejercicio de su derecho a intervenir en el control y gestión de los centros sostenidos con fondos públicos.

c) Facilitan la representación y la participación de los padres de alumnos en los consejos escolares de los centros públicos y concertados y en otros órganos colegiados.

d) Toman la forma de sesiones de trabajo en grupo de padres y madres dirigidas por uno o varios profesionales, con una periodicidad sistemática, sobre temas sociopsicopedagógicos y que se desarrollan en un periodo de tiempo determinado.

89. A la hora de convocar reuniones los profesores deberán tener en cuenta:

a) Que hay que valorar de forma positiva el esfuerzo que hacen los padres para asistir a la reunión.

b) Que es importante que la reunión no se alargue más de una hora para que las familias no se cansen.

c) Que puede ser muy útil contar con un soporte digital para utilizar una presentación que nos sirva de guion sobre los temas a tratar.

d) Todas las respuestas son correctas.

90. Respecto a las reuniones de los profesores con los padres no es verdad que:

a) Es conveniente no hacer intervenciones demasiado largas.

b) Conviene empezar a tratar los temas más concretos e importantes para llegar después a los generales.

c) Hay que utilizar un lenguaje adecuado y cercano para que las familias nos entiendan.

d) Hay que utilizar un lenguaje directo y sencillo.

PREGUNTAS DE RESERVA

1. Un rechazo, aversión, temor y desprecio hacia las personas pobres se denomina:

a) Discriminación social.
b) Discriminación económica.
c) Aporofobia.
d) Austeridad.

2. ¿Cuáles es el objeto de la evaluación en el proceso de adaptación?

a) El docente debe evaluar su propia práctica educativa.
b) Evalúa la planificación del periodo de adaptación.
c) Evalúa la adaptación de los alumnos.
d) Todas las respuestas son correctas.

3. La evaluación se constituye como elemento clave para orientar las decisiones curriculares, definir los problemas educativos y acometer las actuaciones concretas y necesarias para la resolución de estos problemas, y se caracteriza por:

a) Tendrá que ser un proceso cualitativo y explicativo para favorecer la reflexión sobre la complejidad del hecho educativo.
b) Será un instrumento de investigación didáctica.
c) Será un excelente instrumento de cambio y perfeccionamiento del profesorado del Centro.
d) Todas las respuestas son correctas.

4. En el proyecto lingüístico que deberá elaborar cada centro, dentro de su proyecto educativo, se hará constar una serie de pautas. Señala la respuesta incorrecta:

a) La decisión del centro educativo respecto de la lengua en que se impartirán las asignaturas de educación primaria, educación secundaria obligatoria y bachillerato.
b) Los objetivos generales y las líneas de actuación diseñadas por el centro para el fomento de la lengua gallega.
c) En educación primaria, educación secundaria obligatoria y bachillerato, las medidas adoptadas para que el alumnado que tenga el suficiente dominio de las lenguas pueda seguir con aprovechamiento las enseñanzas que se le imparten.
d) En los centros que imparten formación profesional específica, enseñanzas artísticas y deportivas, y enseñanza de personas adultas, los procedimientos que aseguren que el alumnado consiga la competencia lingüística propia del nivel en ambas lenguas oficiales.

5. Para la elaboración del I Plan de actuaciones para la Igualdad en los centros educativos de Galicia, 2016-2020, se tuvieron en cuenta varios principios inspiradores que sustentan todos y cada uno de los ejes de actuación. Indica el que no corresponda:

a) Transversalidad.
b) Sociedad igualitaria.
c) Inclusión e integración de la diversidad.
d) Protección a las víctimas y familiares de la violencia de género.

Solución al simulacro n.º 8

1. d) Régimen aduanero y arancelario; comercio exterior.

2. a) En una Asamblea Legislativa, elegida por sufragio universal, con arreglo a un sistema de representación proporcional que asegure, además, la representación de las diversas zonas del territorio; un Consejo de Gobierno con funciones ejecutivas y administrativas y un Presidente que ostentará la suprema representación de la respectiva Comunidad y la ordinaria del Estado en aquella.

3. b) Las Cortes Generales.

4. b) Mayoría absoluta.

5. a) 24 horas después de la anterior, y la confianza se entenderá otorgada si obtuviera mayoría simple.

6. a) Podrá celebrar convenios con otras Comunidades Autónomas para la gestión y prestación de servicios propios de la exclusiva competencia de las mismas.

7. a) Diez días.

8. b) De un plazo no inferior a diez días ni superior a quince.

9. c) Procedimiento administrativo

10. c) Tres años como personal funcionario de carrera.

11. c) Cinco años.

12. b) Máximo de 3 meses.

13. b) 3 días hábiles si el suceso se produce en la misma localidad y de 5 días hábiles si se produce en distinta localidad.

14. d) No discriminatorio.

15. c) El Gobierno.

16. a) Resulta de aplicación el procedimiento en caso de posible vulneración de la normativa de protección de datos tramitado por la AEPD.

17. b) En los supuestos en los que un afectado reclame que no ha sido atendida su solicitud de ejercicio de los derechos reconocidos en los arts. 15 a 22 del Reglamento (UE) 2016/679, así como en los que la Agencia investigue la existencia de una posible infracción de lo dispuesto en el Reglamento (UE) 2016/679 y en la LOPD.

18. b) No será vinculante. No obstante, en caso de que no se acepten las consideraciones y recomendaciones contenidas en el mismo, el órgano encargado de la tramitación habrá de dejar constancia de las razones que justifican que el informe no se adopte.

19. b) Podrá solicitar un informe complementario al órgano competente en materia de igualdad.

20. a) Se cuantificará el valor económico del trabajo doméstico, de cuidados y comunitario realizado por mujeres y hombres sin reflejo en el producto interior bruto y en la renta disponible bruta del sector hogares.

21. a) Disponer previamente de una encuesta de empleo del tiempo, que habrá de incluirse en la programación estadística de la Comunidad Autónoma.

22. a) Promoverá acuerdos de autorregulación que, contando con mecanismos de control preventivo y de resolución extrajudicial de controversias eficaces, contribuyan al cumplimiento de la legislación publicitaria.

23. a) Las Administraciones sanitarias, en el seno del Consejo Interterritorial del Sistema Nacional de Salud.

24. d) Todas las respuestas anteriores son correctas.

25. c) Prevención e intervención integral en violencia de género.

26. c) Hay que organizar entornos seguros, limpios y saludables.

27. d) Todas las respuestas son correctas.

28. c) Al conjunto de principios y normas morales que regulan una actividad profesional.

29. b) En el código de conducta ética elaborado por la *National Association for the Education of Young Children* (NAEYC) y aprobado por la Asociación Internacional de Educación Infantil.

30. b) Es muy variado y va encaminado al desarrollo de las áreas manipulativa, motriz, sensorial, cognitiva, social, afectiva, etc..

31. b) No es necesario que se adecue a la edad evolutiva del niño.

32. d) Todas las respuestas son correctas.

33. a) Transmitir angustia.

34. d) Todas las respuestas son correctas.

35. a) Despedidas rápidas sin presencia de padres en el aula.

36. a) Los padres.

37. c) En La LOE dedica el artículo 121 (modificado por LOMLOE).

38. a) La LOE en su artículo 6 da la siguiente definición de currículo: "A los efectos de lo dispuesto en esta Ley, se entiende por currículo el conjunto de objetivos, competencias, contenidos, métodos pedagógicos y criterios de evaluación de cada una de las enseñanzas reguladas en la presente Ley".

39. b) Proyecto curricular.

40. d) Todas las respuestas son correctas.

41. d) Física y Química.

42. a) Cada cuatro cursos escolares.

43. d) Actividades extraescolares y complementarias.

44. b) Nombrado y supervisado por la dirección del centro.

45. c) 15 y 16.

46. b) La convivencia en los centros educativos.

47. d) El interés superior del menor, garantizando su consideración primordial como titulares de derechos y reconociendo la separación de sus familias solo como último recurso.

48. b) Realizar campañas informativas de prevención y sensibilización sobre el maltrato infantil.

49. c) La creación y/o dotación de recursos humanos y materiales a los equipos especializados que trabajan con menores de edad.

50. c) Garantiza la formación de todos los profesionales para asumir la detección y notificación de los casos de maltrato.

51. c) Deben ser irrompibles por debajo de 150 cm para garantizar la seguridad.

52. c) Dar apoyo a las familias en el cuidado de los niños.

53. b) Permiso específico, al igual que su implantación en un momento distinto al de la creación del centro.

54. c) Serán diligenciados por la dirección general competente en materia de familia una vez concedido el permiso de actividades.

55. c) 3 m² por niño con un mínimo de 20 m² para asegurar el descanso adecuado.

56. d) Revisable.

57. a) Los centros docentes ordinarios.

58. b) Unidades de educación especial.

59. b) Medidas ordinarias de atención a la diversidad.

60. c) La situación de maduración.

61. d) Factores epidemiológicos.

62. b) Genitalidad.

63. c) Orientación sexual.

64. a) No es algo determinado genética, ni hormonalmente.

65. b) Cifosis congénita.

66. a) Grasa.

67. a) El 12 y el 15% del total calórico proceda de las proteínas, debiendo ser al menos el 40 % de estas de origen animal (lo óptimo es un 50 %).

68. d) La vitamina C y las del complejo B (B1, B2, B3, B5, B6, B8, B9 y B12).

69. c) Ácido fólico.

70 c) Durante la primera hora tras el parto.

71. c) Estado de presueño, sueño REM y sueño no REM.

72. a) Presueño.

73. a) 20 horas diarias.

74. c) En el cuarto trimestre, de 9 a 12 meses.

75. d) Hacia las 28 semanas.

76. d) Entre los 4 y 9 años.

77. a) Para tratarlo se recomienda administrarle al niño agua con bicarbonato.

78. c) Estrabismo.

79. c) Entre el 3.º y el 7.º día de vida.

80. c) 30:2.

81. c) En el estadio de las operaciones formales.

82. b) En la Teoría de la enculturación de Sutton-Smith y Robert.

83. b) La teoría de la dinámica infantil de Frederic J. J. Buytendijk.

84. d) Los juegos hedonísticos.

85. b) Maite Garaibordobil Landazabal.

86. b) El Jefe de estudios.

87. a) Uno.

88. d) Toman la forma de sesiones de trabajo en grupo de padres y madres dirigidas por uno o varios profesionales, con una periodicidad sistemática, sobre temas sociopsico-pedagógicos y que se desarrollan en un periodo de tiempo determinado.

89. d) Todas las respuestas son correctas.

90. b) Conviene empezar a tratar los temas más concretos e importantes para llegar después a los generales.

PREGUNTAS DE RESERVA

1. c) Aporofobia.

2. d) Todas las respuestas son correctas.

3. d) Todas las respuestas son correctas.

4. c) En educación primaria, educación secundaria obligatoria y bachillerato, las medidas adoptadas para que el alumnado que tenga el suficiente dominio de las lenguas pueda seguir con aprovechamiento las enseñanzas que se le imparten.

5. d) Protección a las víctimas y familiares de la violencia de género.

Cómo acceder al Curso

Educador/a Infantil (Escala de Agentes Técnicos Facultativos)
Simulacros de examen

El uso de los códigos **es exclusivo de los compradores de los productos de Editorial MAD**. Cada producto posee un código único y de un solo uso. Es personal e intransferible y da acceso a servicios y contenidos adicionales. Editorial MAD se reserva el derecho de hacer cuantas comprobaciones sean necesarias para identificar al legítimo poseedor del código y dejar de dar servicio a quien haga uso fraudulento del mismo, además de emprender cuantas acciones legales estime oportunas según la legislación vigente.

Deberás acceder a:

mad.es/registro-campus

Si una vez aceptadas las condiciones de uso del Campus decides hacer uso del mismo, necesitarás del siguiente código de acceso junto con los códigos del resto de títulos que se exigen (si fuera el caso):

EACVR5PSUB